AF506843

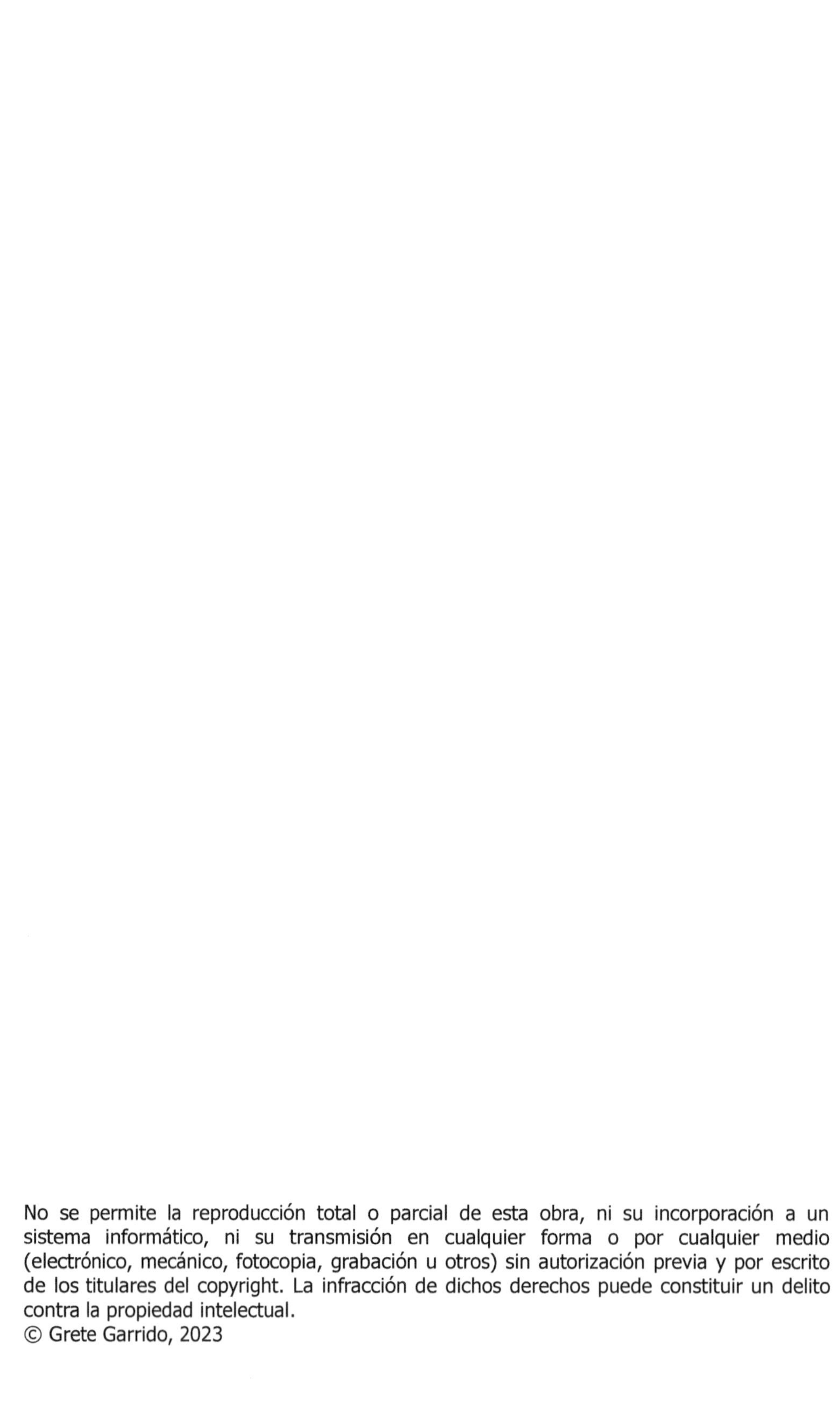

EL LIBRO PARA PERSONAS MAYORES QUE POTENCIA LA MEMORIA Y EL POSITIVISMO

CREADO POR GRETE GARRIDO

Este libro pertenece a esta maravillosa persona:

Bienvenido/a a tu libro.

Como irás viendo en las próximas páginas, este no es un libro solo con ejercicios para que tu querida mente se mantenga en forma y pueda seguir disfrutando de este maravilloso viaje que es la vida en plenas facultades, es también un libro lleno de mensajes positivos, tus recuerdos, consejos...

A lo largo de las páginas de tu libro, iremos rememorando tu vida, compartiendo sonrisas, trabajando tu mente, para que esas sonrisas no se olviden y puedas seguir creando muchas más a lo largo de los años.

El libro se compone de ejercicios, retazos de tus recuerdos, frases que te van a gustar y muchas cosas más. Puedes comenzar por donde quieras, lo importante es que disfrutes.

¡Vamos a empezar!

UNO EMPIEZA
A SER JOVEN A
LA EDAD DE
SESENTA AÑOS.

-PABLO PICASSO

Sé que no es fácil quedarse solo con uno, pero ¿cuál sería **el recuerdo más hermoso** que tienes **de tu niñez?**

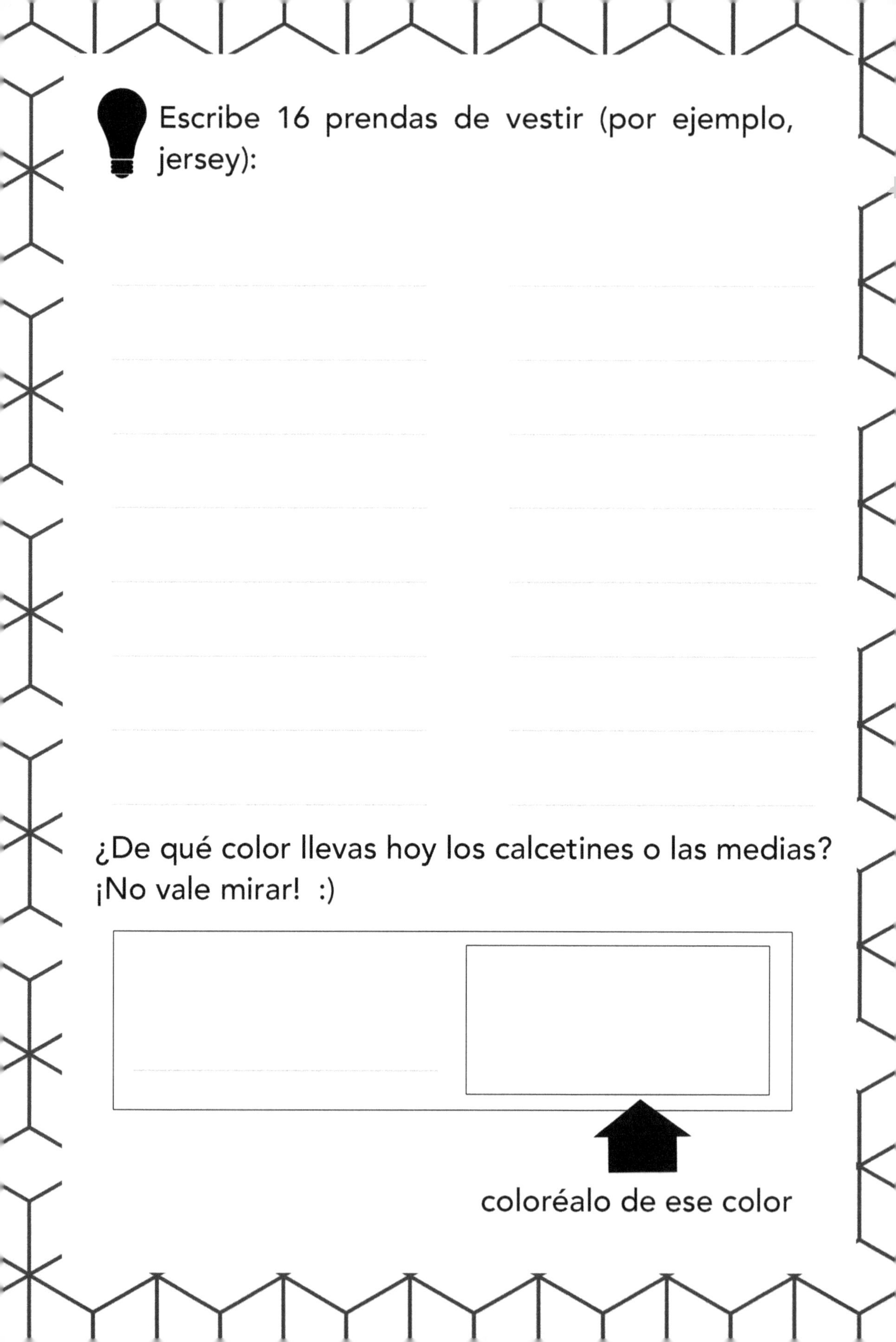

Escribe 16 prendas de vestir (por ejemplo, jersey):

¿De qué color llevas hoy los calcetines o las medias? ¡No vale mirar! :)

coloréalo de ese color

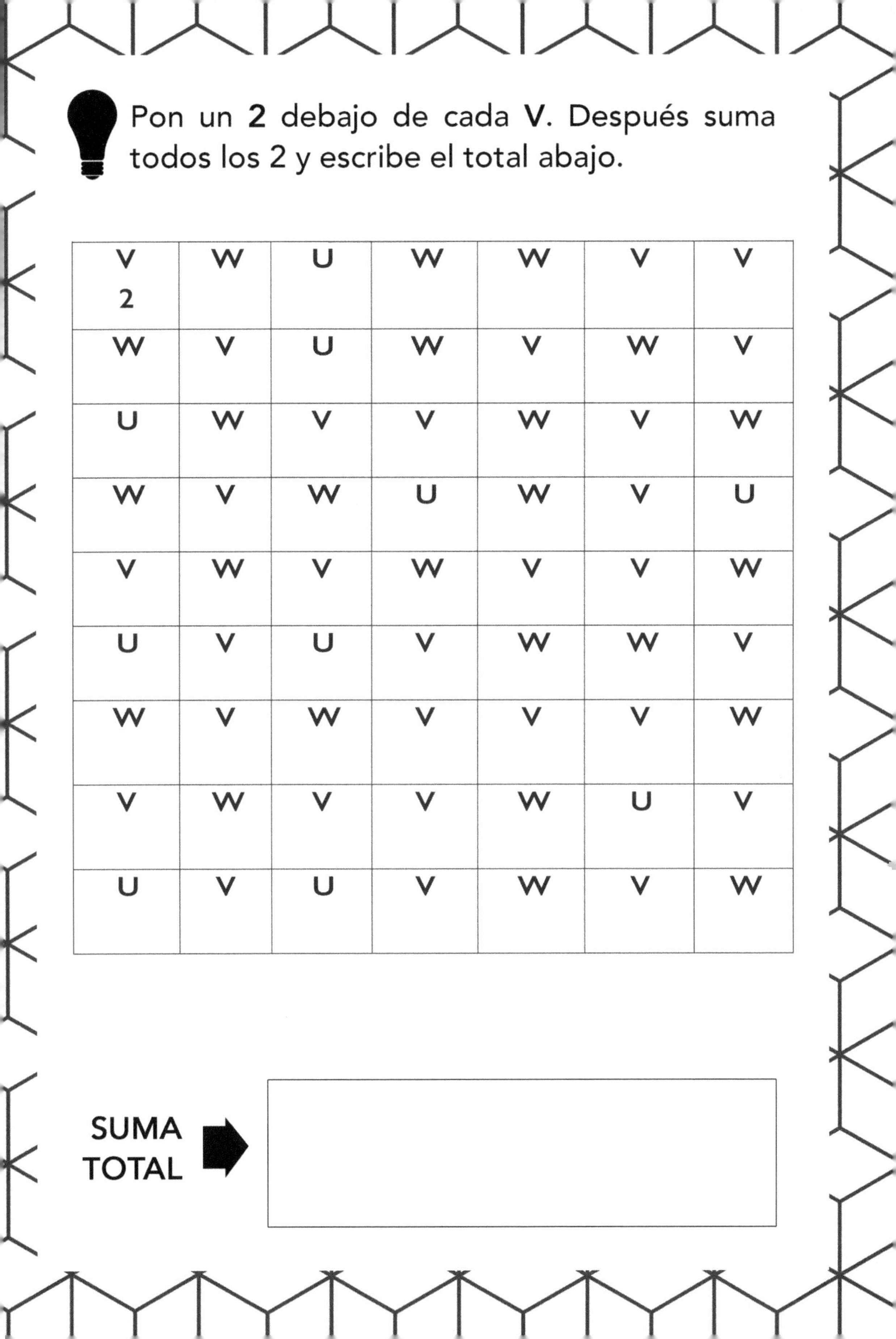

Pon un **2** debajo de cada **V**. Después suma todos los 2 y escribe el total abajo.

V	W	U	W	W	V	V
2						
W	V	U	W	V	W	V
U	W	V	V	W	V	W
W	V	W	U	W	V	U
V	W	V	W	V	V	W
U	V	U	V	W	W	V
W	V	W	V	V	V	W
V	W	V	V	W	U	V
U	V	U	V	W	V	W

SUMA TOTAL ➡

Encuentra las 5 diferencias.

Colorea este mandala.

¿Cuántos corazones hay?

NO DEJAS DE REÍR PORQUE TE HACES MAYOR.
TE HACES MAYOR PORQUE DEJAS DE REÍR.

-MAURICE CHEVALIER

¿Cuál sería **el libro que más te ha gustado** de todos los que has leído?¿Por qué?

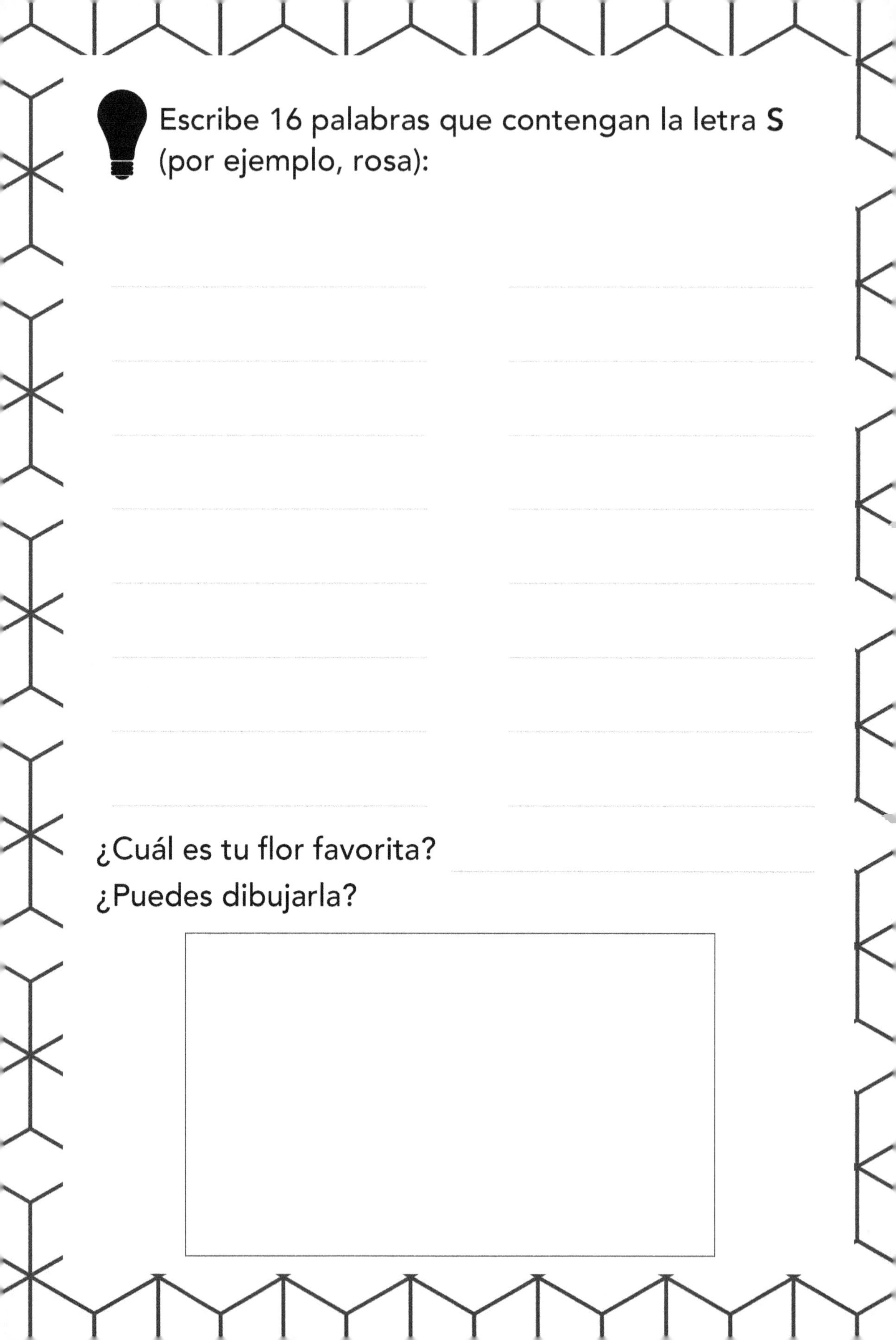

Escribe 16 palabras que contengan la letra **S** (por ejemplo, rosa):

¿Cuál es tu flor favorita?
¿Puedes dibujarla?

Haz **grupos** con las siguientes **palabras**.

Flores	Animales	Ciudades	Muebles

Haz **grupos** con las siguientes **palabras** y escribe al comienzo de la columna el nombre del **grupo** al que pertenecen:

Colores			

¿Cuántos gatos hay en la imagen?

TOTAL

Colorea este mandala.

CUALQUIERA QUE DEJA DE APRENDER ES VIEJO, YA TENGA 20 AÑOS U 80. CUALQUIERA QUE SIGUE APRENDIENDO SE MANTIENE JOVEN.

-HENRY FORD

Si un joven te pidiera que le dieras **el mejor consejo** para tener una buena vida ¿cuál le darías? ¿por qué?

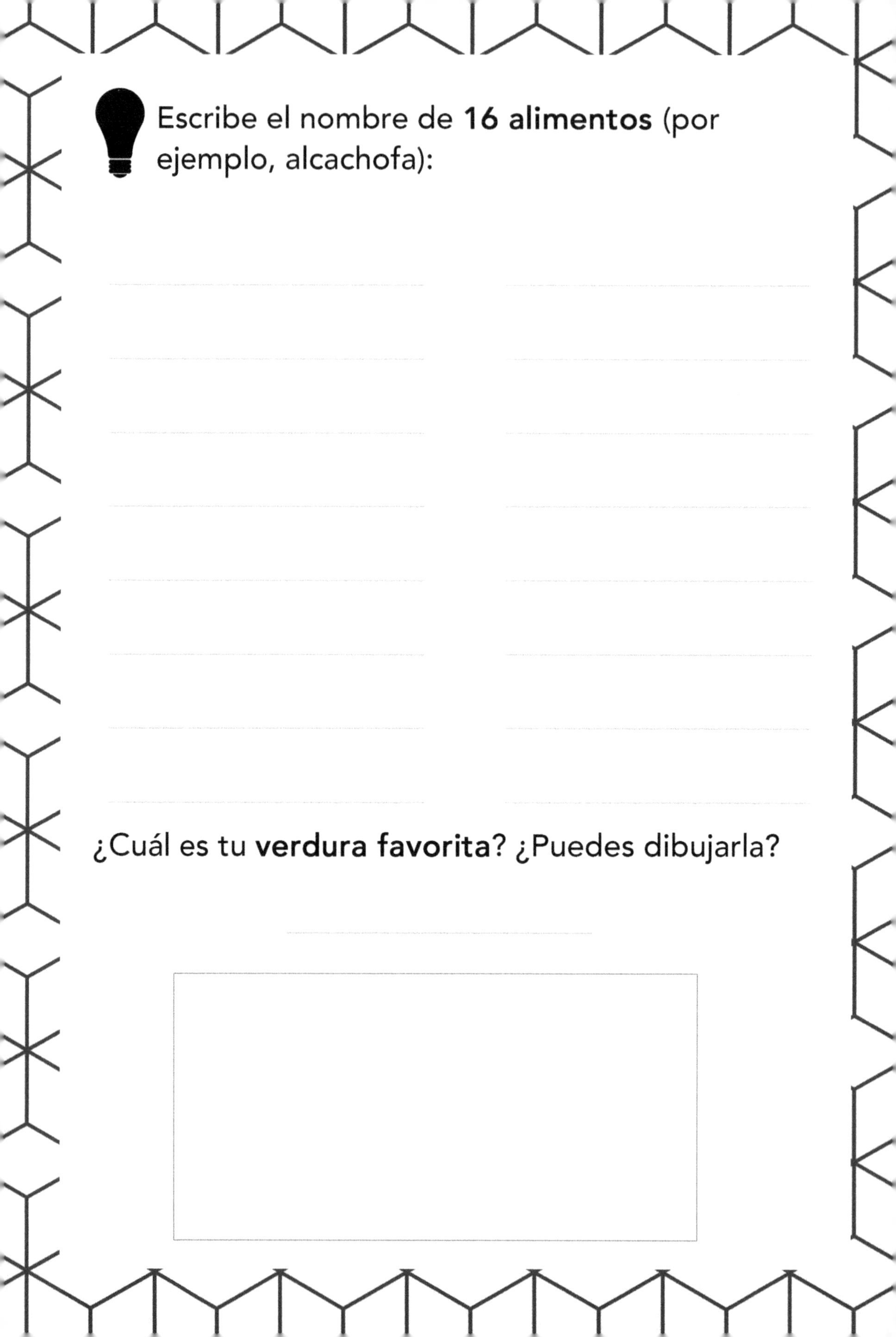

Escribe el nombre de **16 alimentos** (por ejemplo, alcachofa):

¿Cuál es tu **verdura favorita**? ¿Puedes dibujarla?

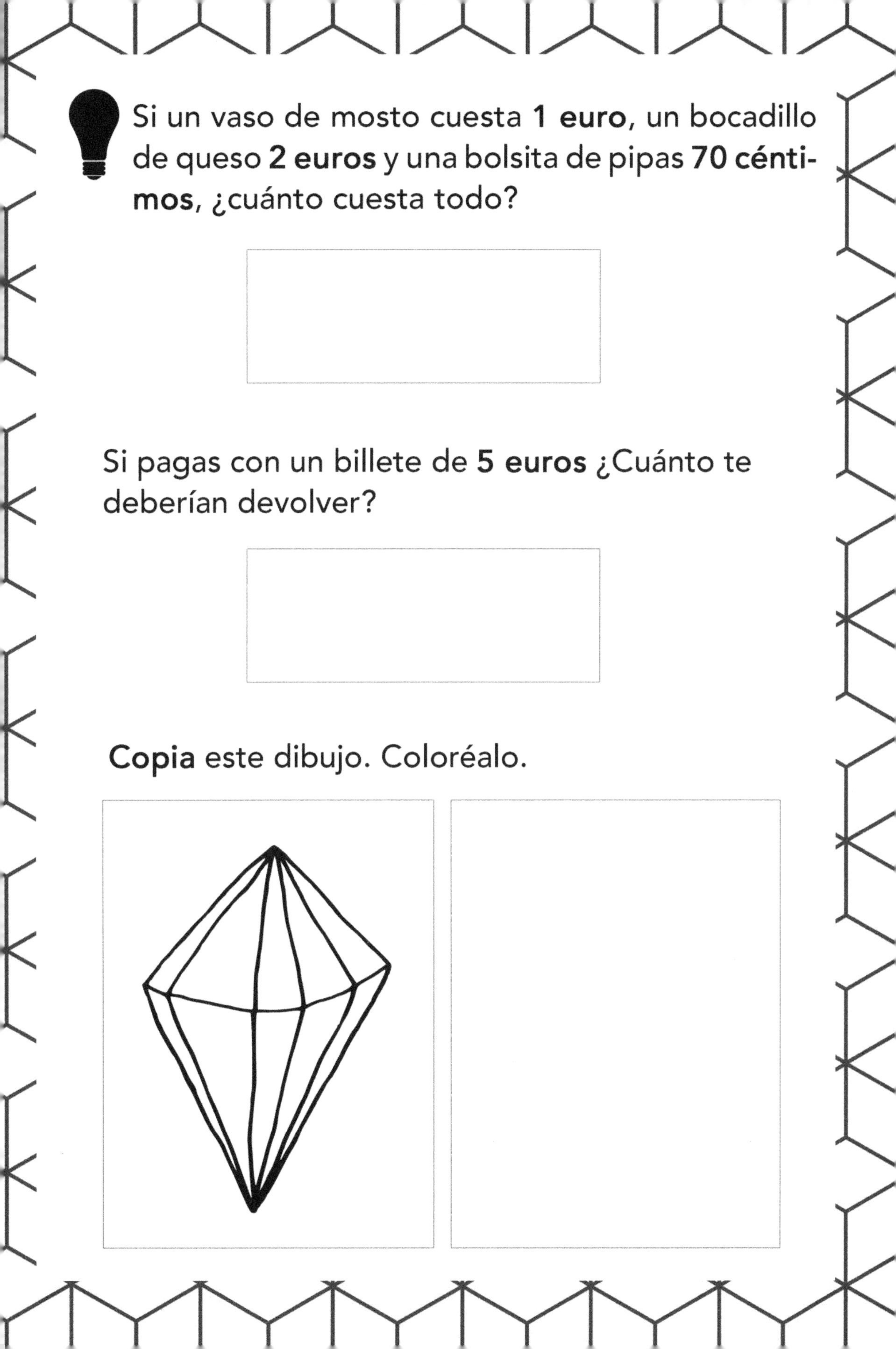

Si un vaso de mosto cuesta **1 euro**, un bocadillo de queso **2 euros** y una bolsita de pipas **70 céntimos**, ¿cuánto cuesta todo?

Si pagas con un billete de **5 euros** ¿Cuánto te deberían devolver?

Copia este dibujo. Coloréalo.

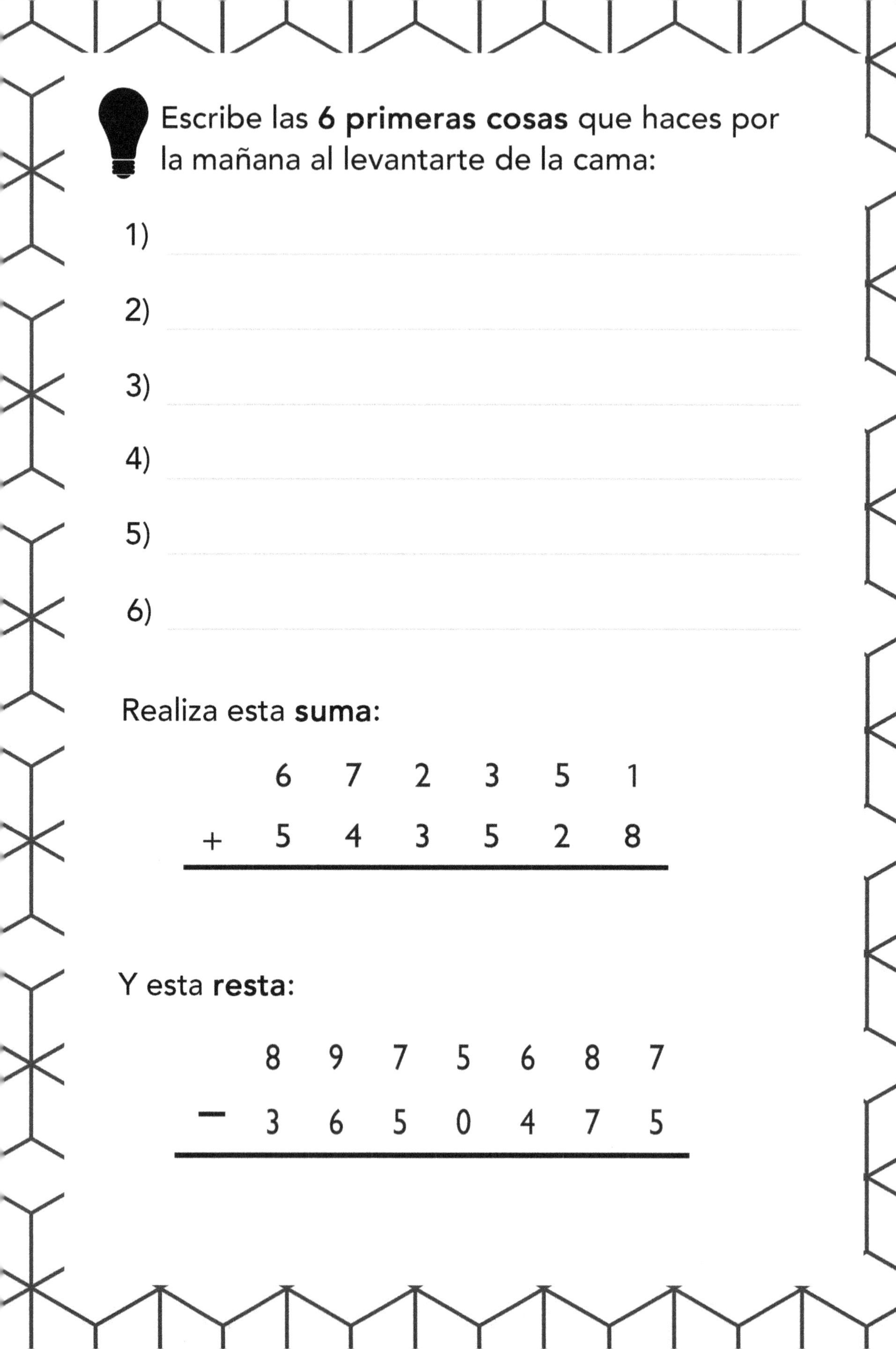

Escribe las **6 primeras cosas** que haces por la mañana al levantarte de la cama:

1)

2)

3)

4)

5)

6)

Realiza esta **suma**:

	6	7	2	3	5	1
+	5	4	3	5	2	8

Y esta **resta**:

	8	9	7	5	6	8	7
−	3	6	5	0	4	7	5

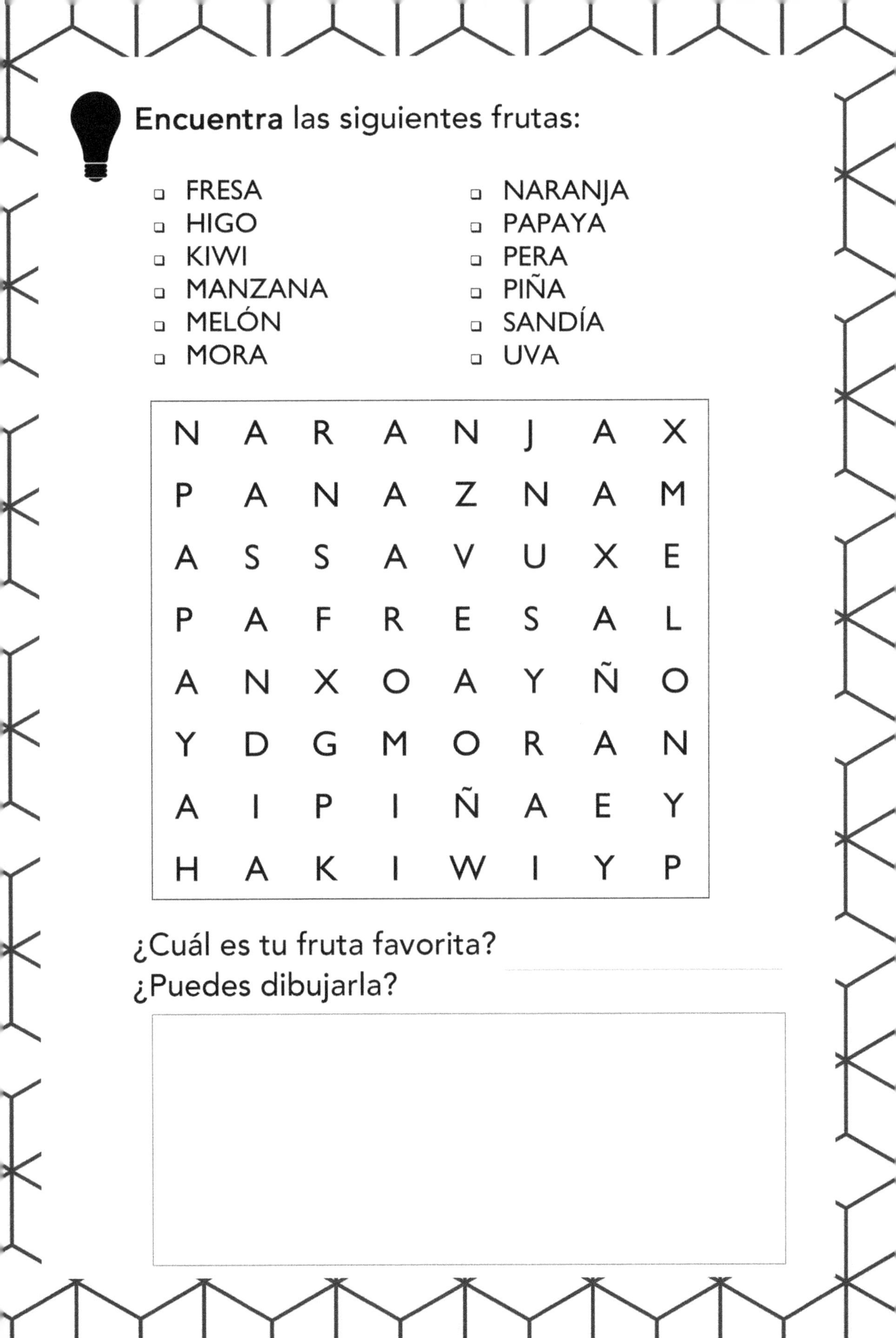

Encuentra las siguientes frutas:

- ☐ FRESA
- ☐ HIGO
- ☐ KIWI
- ☐ MANZANA
- ☐ MELÓN
- ☐ MORA
- ☐ NARANJA
- ☐ PAPAYA
- ☐ PERA
- ☐ PIÑA
- ☐ SANDÍA
- ☐ UVA

¿Cuál es tu fruta favorita?
¿Puedes dibujarla?

¿Puedes encontrar la **hoja diferente** al resto?

Colorea este mandala.

LA JUVENTUD NO
TIENE EDAD.

-PABLO PICASSO

¿Cuál es **el viaje más bonito** que recuerdas? ¿por qué fue tan especial?

CUIDA TU SALUD EMOCIONAL

Las personas con buena salud emocional son conscientes de sus pensamientos, sentimientos y comportamientos. Han aprendido **maneras saludables para afrontar el estrés y los problemas** que son parte de una vida normal.
Se sienten bien acerca de sí mismos y tienen relaciones interpersonales saludables.

Sin embargo, muchas cosas suelen ocurrir en la vida que pueden perturbar tu salud emocional y provocar sentimientos fuertes de tristeza, estrés o ansiedad.

¿Cómo puedes mejorar tu salud emocional?

Primero, **trata de reconocer tus emociones y comprender por qué las estás teniendo.**

Descifrar las causas de la tristeza, estrés y ansiedad en tu vida te pueden ayudar a manejar tu salud emocional.

Los siguientes son consejos útiles:

- **Expresa tus sentimientos**.

Si los sentimientos de estrés, tristeza o ansiedad te están causando problemas físicos, **guardar estos sentimientos dentro de ti puede hacer que te se sientas peor**.

Está bien **dejar que sus seres queridos sepan cuando hay algo que te está molestando**.

Sin embargo, ten en cuenta que tus familiares y amigos pueden no ser capaces de ayudarte a lidiar con tus sentimientos apropiadamente.
En esos momentos, **pídele a alguien que no esté involucrado en la situación** —tal como tu médico de familia, un asesor psicológico— **consejo y apoyo** para ayudar a mejorar tu salud emocional.

- **Intenta mantener un equilibrio**.

Trata de no obsesionarte con problemas que puedan conducir a sentimientos negativos. Esto no significa que tengas que pretender que estás feliz cuando te sientes deprimido, ansioso o perturbado. Es importante lidiar con estos sentimientos negativos pero también tratar de enfocarse en las cosas positivas de tu vida.

Es muy recomendable **usar un diario para llevar un registro de las cosas que te hacen sentir feliz** o en paz.

Saca tiempo para hacer las cosas con las que disfrutas.

- Calma tu mente.

Los métodos de **relajación** como la meditación son formas útiles de equilibrar tus emociones.

Por ejemplo, puedes relajarte haciendo ejercicio, estirándote y **respirando profundamente**. Pídele consejo a tu médico de familia sobre los métodos de relajación. ¡Te sorprenderán sus beneficios!

- Cuida de ti mismo.

Para tener buena salud emocional, es importante **cuidar tu cuerpo teniendo una rutina** regular para comer comidas saludables, dormir lo suficiente y hacer ejercicio para aliviar la tensión acumulada.

PÍLDORAS PARA UNA MENTE POSITIVA

- **Aceptar** la vida como es.
- **Disfrutar** de lo pequeño y de lo grande.
- **Conocerse** a sí mismo y aceptarse.
- **Sentirse querido y valorado**, pero también querer y valorar.
- **Descubrir** placer en las cosas cotidianas como comer, dormir y pasear.

Entender que la felicidad:

- **Brota** en el corazón con el cariño, la ternura y la compresión.
- **La forman instantes** de plenitud y bienestar.
- **Que** para tenerla hay que gozar de paz interior.
- **Que** cada edad tiene su propia medida de felicidad, amor, bondad, reconciliación, perdón y entrega total.

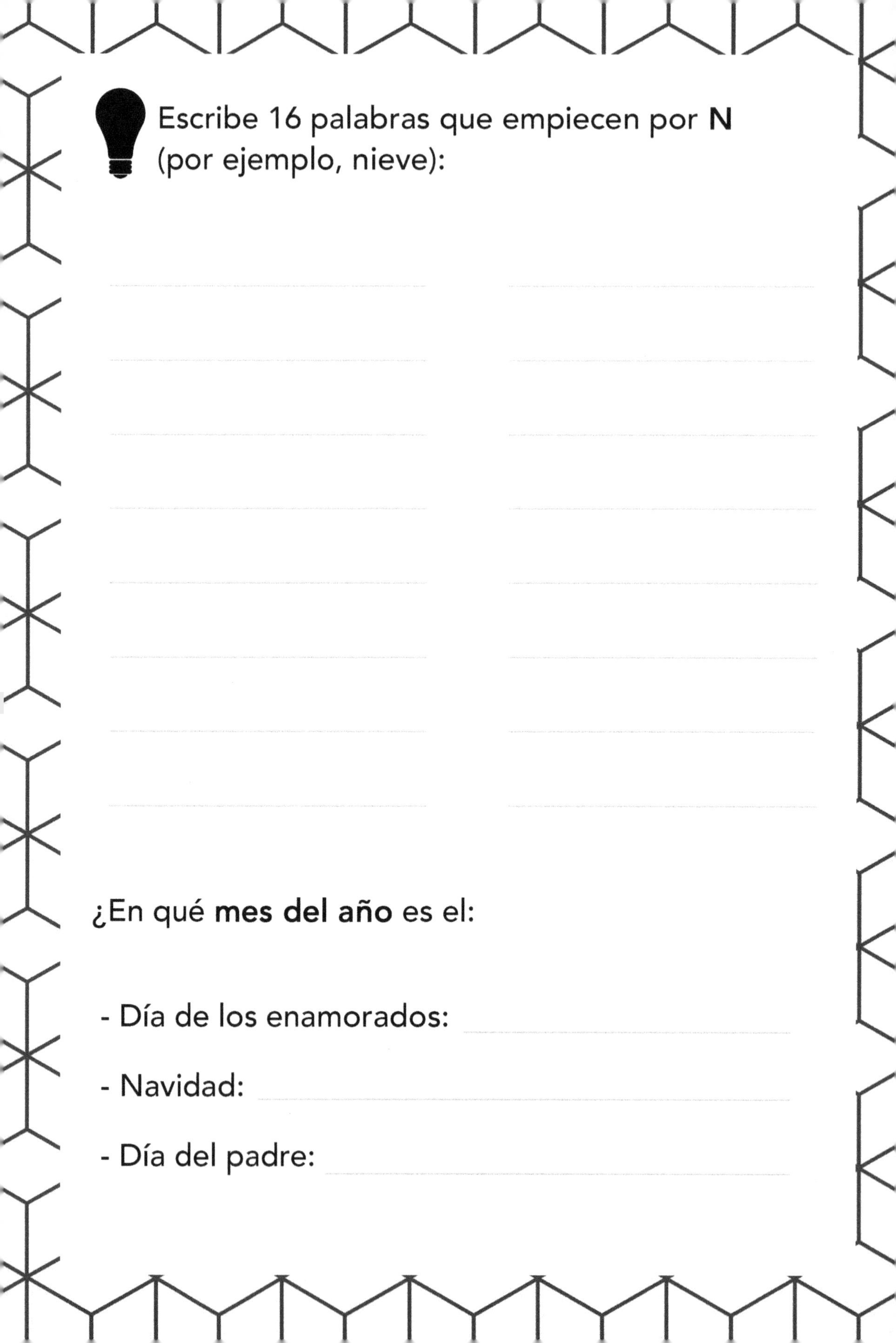

Escribe 16 palabras que empiecen por **N** (por ejemplo, nieve):

¿En qué **mes del año** es el:

- Día de los enamorados:

- Navidad:

- Día del padre:

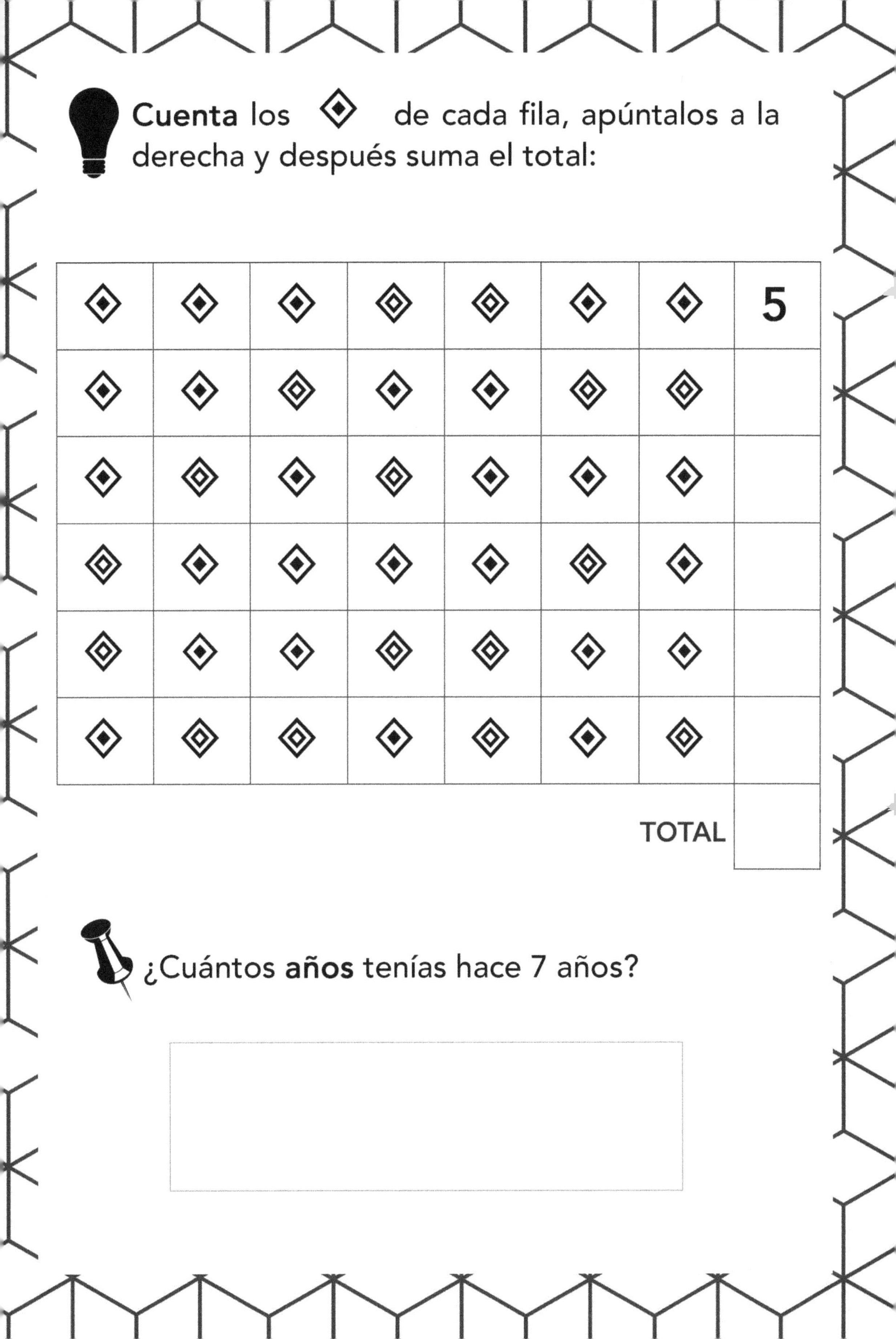

Cuenta los ◈ de cada fila, apúntalos a la derecha y después suma el total:

◈	◈	◈	◈	◈	◈	◈	5
◈	◈	◈	◈	◈	◈	◈	
◈	◈	◈	◈	◈	◈	◈	
◈	◈	◈	◈	◈	◈	◈	
◈	◈	◈	◈	◈	◈	◈	
◈	◈	◈	◈	◈	◈	◈	

TOTAL

¿Cuántos **años** tenías hace 7 años?

Encuentra las **5 diferencias**.

Colorea este mandala.

LA EDAD ES ALGO
QUE NO IMPORTA,
A MENOS QUE
SEAS UN QUESO.

-LUIS BUÑUEL

¿Cuál es **el recuerdo más bonito** que guardas de tu **juventud**? ¿Por qué fue tan especial?

Escribe el nombre de **8 personas** que conozcas y a continuación tu relación con ella (ej: Carlos / Mi farmacéutico).

NOMBRE	RELACIÓN

¿Cuál es tu **nombre y apellidos**? Apunta tu nombre y todos los apellidos que llegues a recordar:

Encuentra estos **nombres** en la sopa de letras.

☐ JOSÉ   ☐ SANTIAGO
☐ ISIDRO   ☐ NIEVES
☐ ANTONIO   ☐ PALOMA
☐ JUAN   ☐ PILAR
☐ PEDRO   ☐ LUCÍA
☐ PABLO

O I N O T N A P
A S A O U Ñ S A
P I L A R O E B
B D C J E D V L
A R E U U I E O
J O S E L A I P
A M O L A P N C
O G A I T N A S

¿Cuál es el **nombre de pila** de los últimos 4 presidentes de tu país?

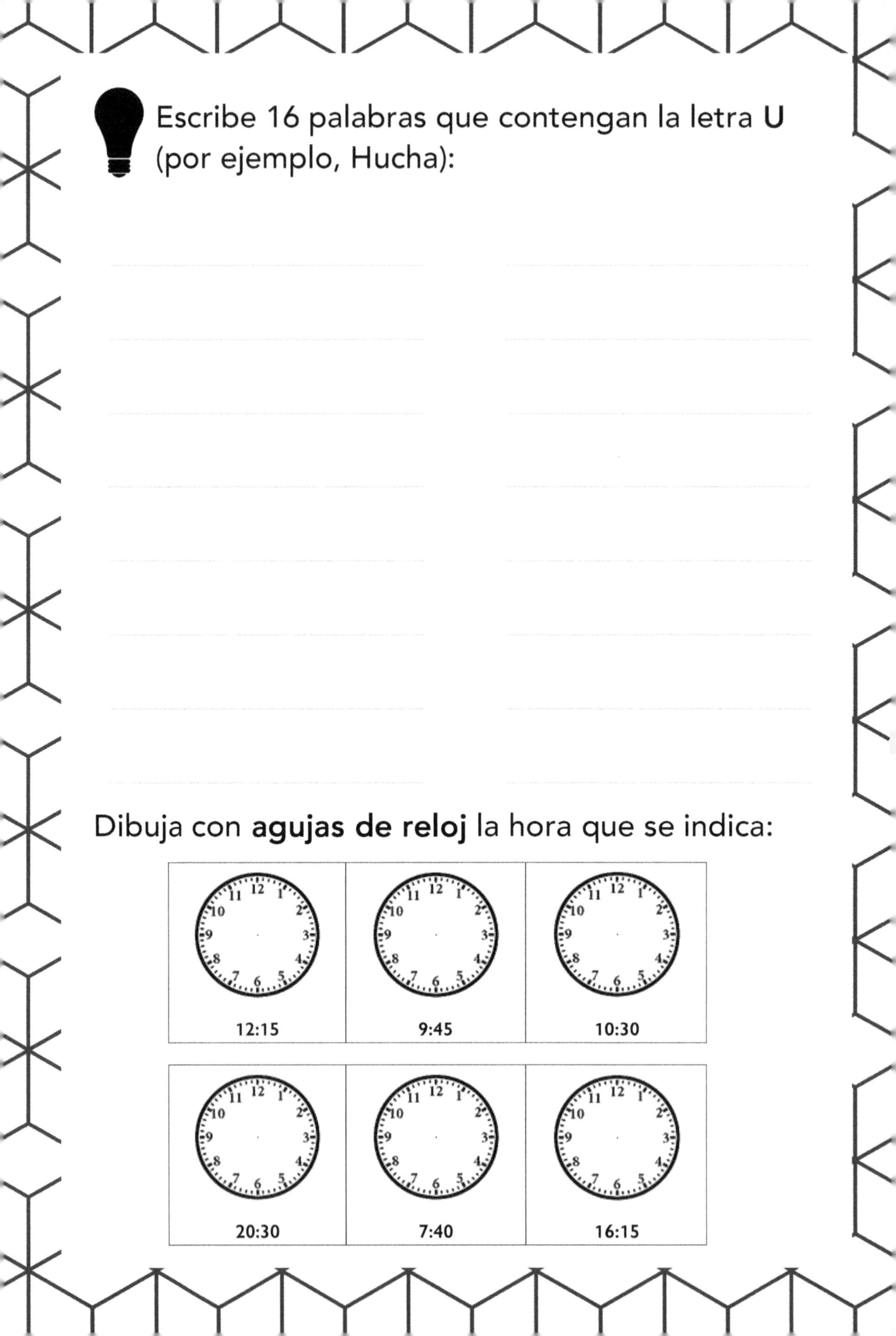

Escribe 16 palabras que contengan la letra **U** (por ejemplo, Hucha):

Dibuja con **agujas de reloj** la hora que se indica:

12:15	9:45	10:30
20:30	7:40	16:15

Si un kilo de plátanos cuesta **2,15€** ¿cuánto cuestan **4 kilos**?

Y si pagas con un billete de **50 euros** ¿Cuánto te deberían devolver?

Copia este dibujo. Coloréalo.

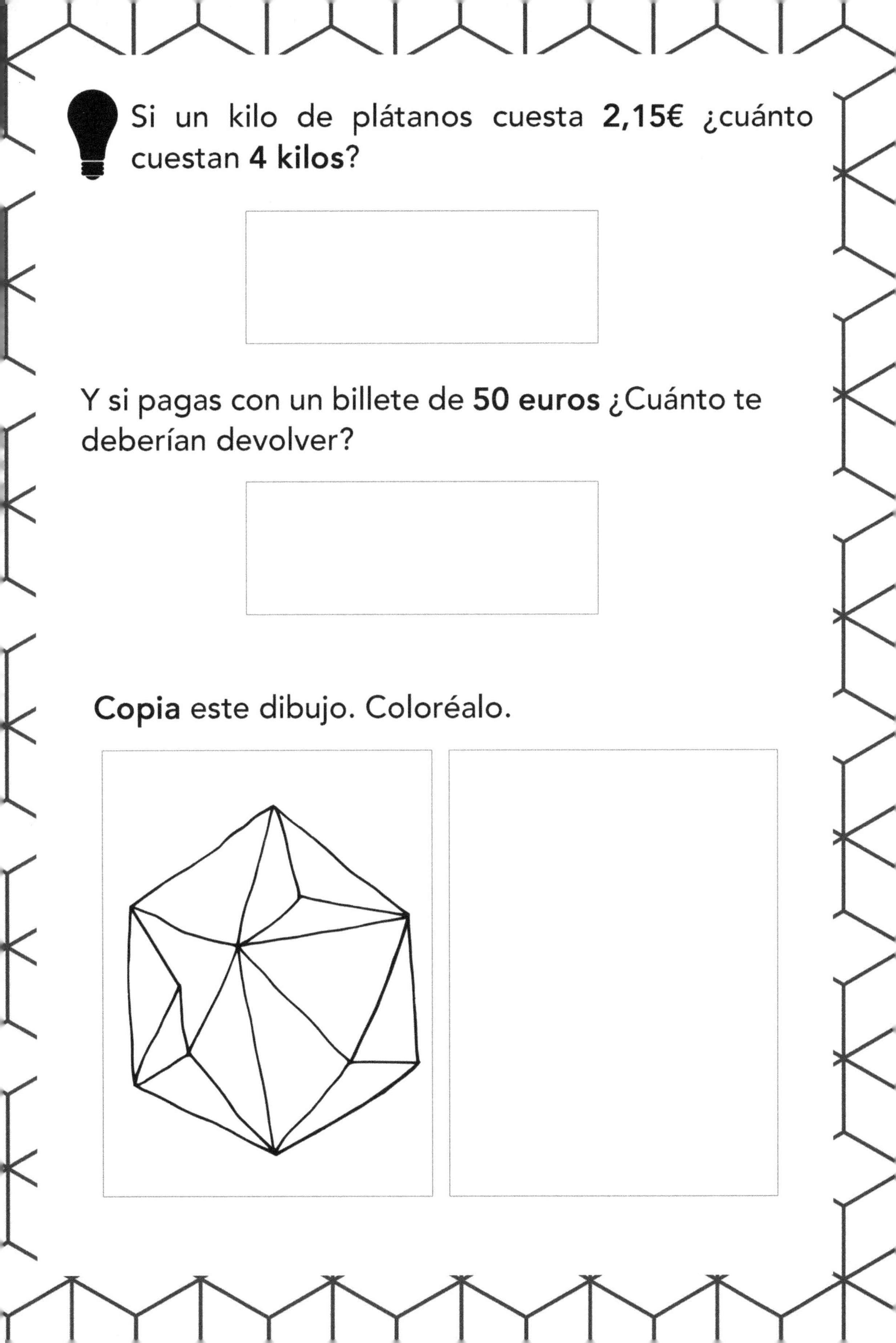

Escribe una pequeña historia usando estas palabras:
ELEFANTE - SOMBRERO - AVIÓN - PLÁTANO - TORMENTA - AMIGO

Colorea este mandala.

LA EDAD DE ORO ESTÁ DELANTE DE NOSOTROS, NO DETRÁS DE NOSOTROS.

-WILLIAM SHAKESPEARE

¿Cuál es la **canción** que más te recuerda a tu juventud? y ¿qué recuerdos te trae?

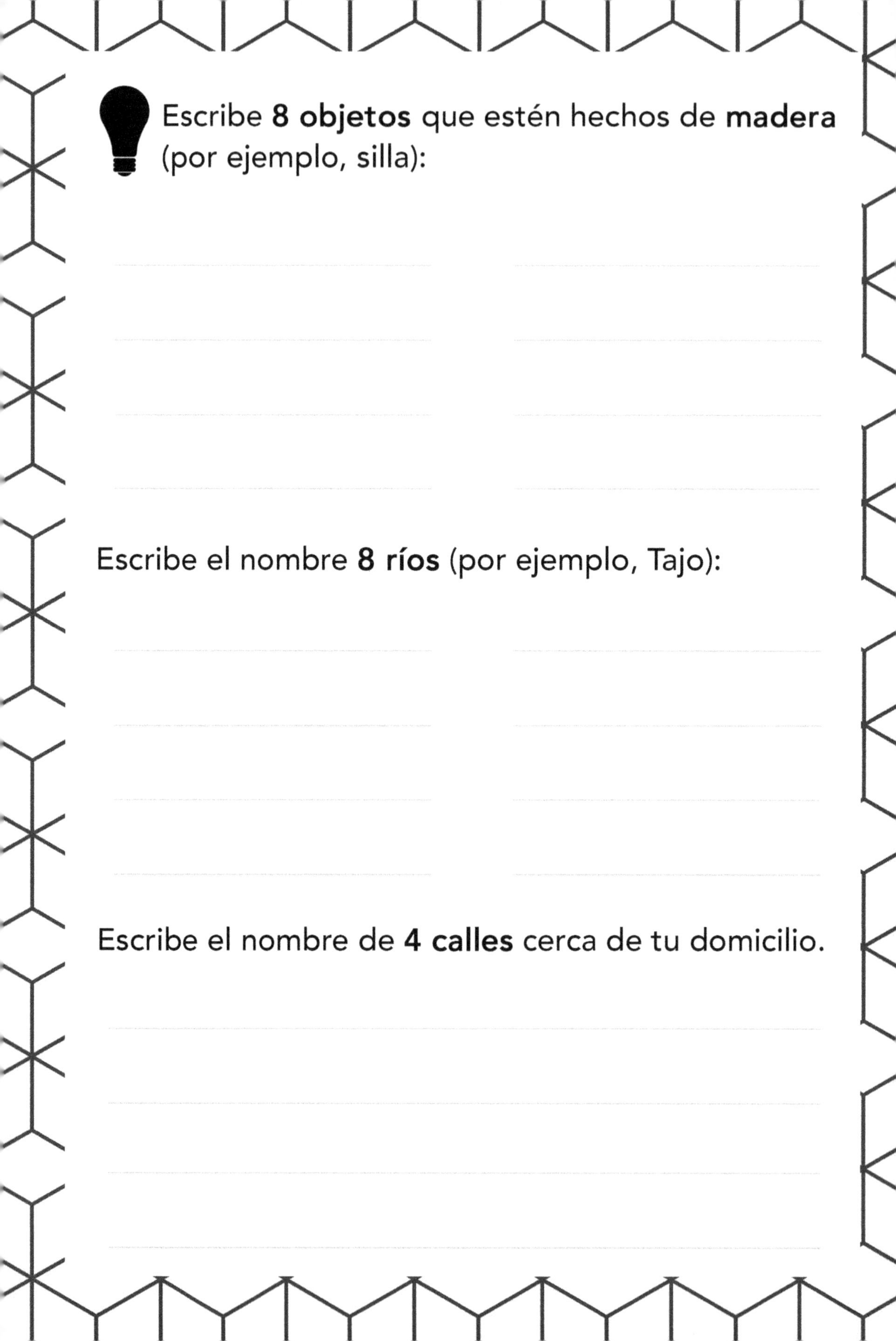

Escribe **8 objetos** que estén hechos de **madera** (por ejemplo, silla):

Escribe el nombre **8 ríos** (por ejemplo, Tajo):

Escribe el nombre de **4 calles** cerca de tu domicilio.

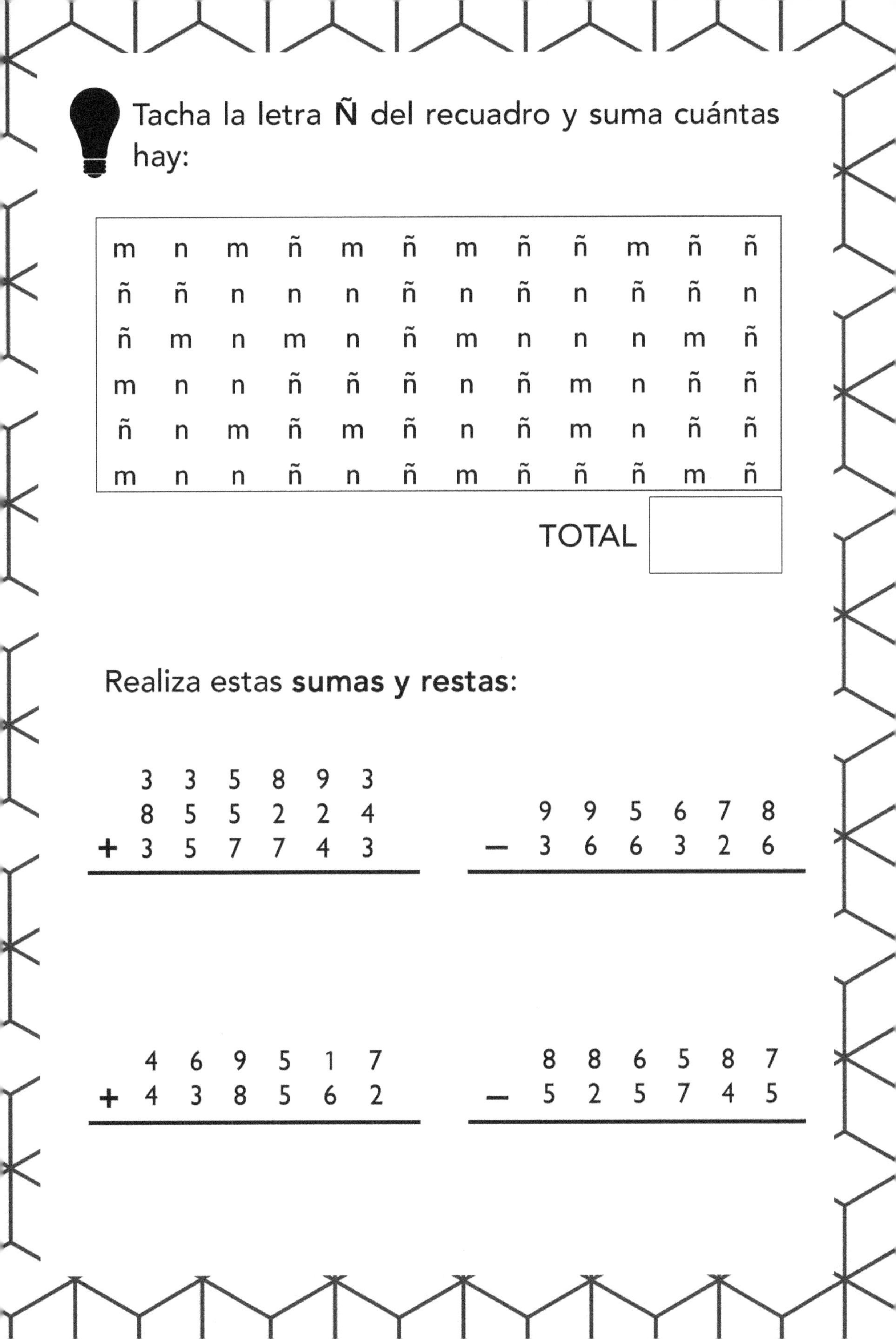

m	n	m	ñ	m	ñ	m	ñ	ñ	m	ñ	ñ
ñ	ñ	n	n	n	ñ	n	ñ	n	ñ	ñ	n
ñ	m	n	m	n	ñ	m	n	n	n	m	ñ
m	n	n	ñ	ñ	ñ	n	ñ	m	n	ñ	ñ
ñ	n	m	ñ	m	ñ	n	ñ	m	n	ñ	ñ
m	n	n	ñ	n	ñ	m	ñ	ñ	ñ	m	ñ

TOTAL

Realiza estas **sumas y restas**:

```
    3  3  5  8  9  3              9  9  5  6  7  8
    8  5  5  2  2  4           -  3  6  6  3  2  6
+   3  5  7  7  4  3
```

```
    4  6  9  5  1  7              8  8  6  5  8  7
+   4  3  8  5  6  2           -  5  2  5  7  4  5
```

¿Cuántos **instrumentos musicales** hay en la imagen? ¿y cuántos **animales**?
Instrumentos:
Animales:

Colorea este mandala.

EL SECRETO PARA MANTENERSE JOVEN ES VIVIR HONESTAMENTE, COMER LENTAMENTE Y MENTIR SOBRE TU EDAD.

-.LUCILLE BALL

Si pudieras **viajar al pasado**, ¿qué le dirías a tu yo de 30 años? ¿qué te gustaría que supiera?

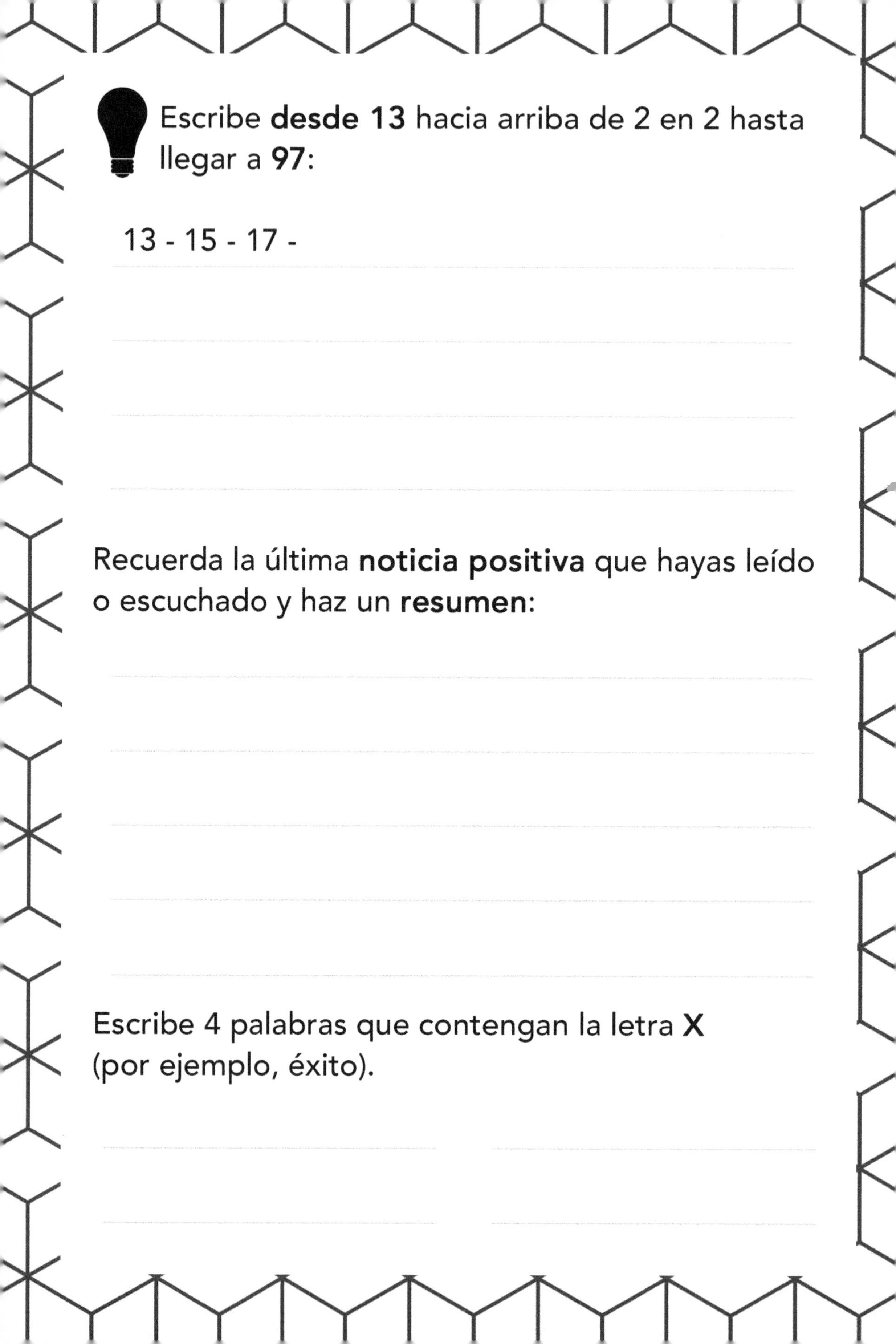

Escribe **desde 13** hacia arriba de 2 en 2 hasta llegar a **97**:

13 - 15 - 17 -

Recuerda la última **noticia positiva** que hayas leído o escuchado y haz un **resumen**:

Escribe 4 palabras que contengan la letra **X** (por ejemplo, éxito).

Frutas	Pescado	Prendas de vestir	Escritura

Haz grupos con las siguientes palabras:

Animales	Flores	Colores	Playa

Escribe **4 frases** usando esta palabra:
FELIZ

Escribe **4 frases** que contengan estas 2 palabras:
VIAJE - YO

Escribe **3 frases** que contengan estas 2 palabras:
SORPRESA - CAMINO

Colorea este mandala.

¿Qué animal es?

____

EL TRUCO ES CRECER SIN HACERTE MAYOR.

-CASEY STENGEL

Describe cómo sería para ti **un día maravilloso.**

No subestimes tu tiempo libre.

La salud depende de sistemas sociales de apoyo positivo y de la adaptación al medio que nos rodea.

- **Haz excursiones** a pie o en transporte a lugares históricos, turísticos y ecológicos (naturaleza).
- **Vincúlate a círculos** de jubilados, agrupaciones culturales o de intereses cercanos a los tuyos.
- **Infórmate** a través de libros, periódicos, programas de radio o TV, películas... sobre **cómo seguir sano** y cuidar de tu salud.
- **Conserva tus capacidades** musicales, sobre pintura, literatura, escultura, teatro, etc; participando en exposiciones o incorporándote a grupos afines.
- **Comparte** siempre que puedas **tus experiencias** y enseña o asesora a las nuevas generaciones, todo lo aprendido durante tu vida.

Para mejorar tu autoestima:

- **Estate conforme contigo** mismo.
- **Acéptate** tal cual eres.

- Atrévete a **tomar decisiones**.
- Aprende a ser **tolerante**.
- **Defiende** tus sentimientos.
- Acostúmbrate a lo **nuevo**.
- Haz valer **tus derechos**.
- **Sé tú** mismo.
- No te minimices, ten **confianza en ti** mismo.
- Aprende que nuestro valor como personas no depende de factores externos.
- **Aprende a decir NO**, sin sentirte culpable o creer que lastimas a alguien. Querer agradar a todos es un desgaste enorme.
- **Deja de sentirte responsable por el placer de los otros**. Tú no eres la fuente de los deseos ni el eterno maestro de ceremonias.

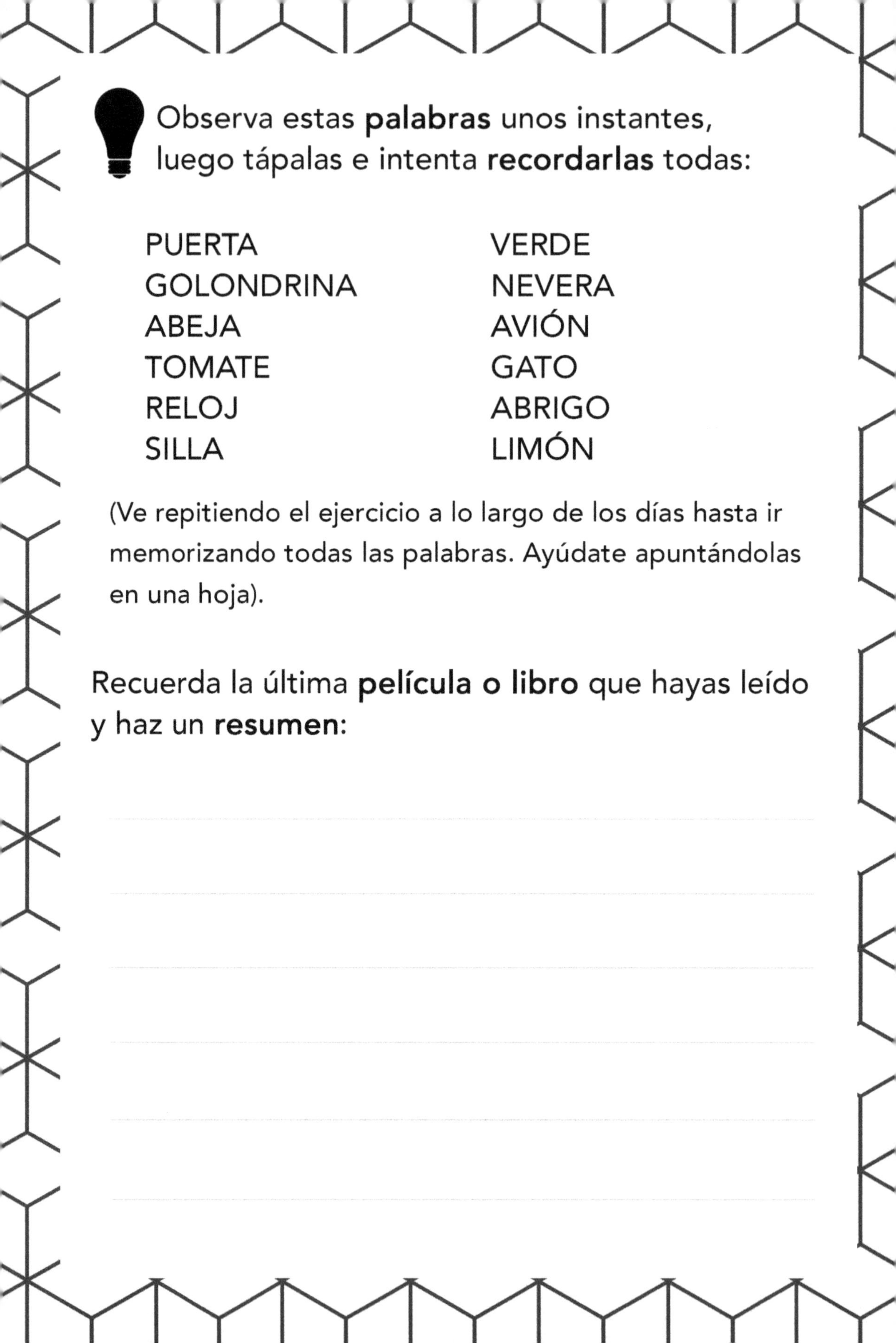

Observa estas **palabras** unos instantes, luego tápalas e intenta **recordarlas** todas:

PUERTA   VERDE
GOLONDRINA   NEVERA
ABEJA   AVIÓN
TOMATE   GATO
RELOJ   ABRIGO
SILLA   LIMÓN

(Ve repitiendo el ejercicio a lo largo de los días hasta ir memorizando todas las palabras. Ayúdate apuntándolas en una hoja).

Recuerda la última **película o libro** que hayas leído y haz un **resumen**:

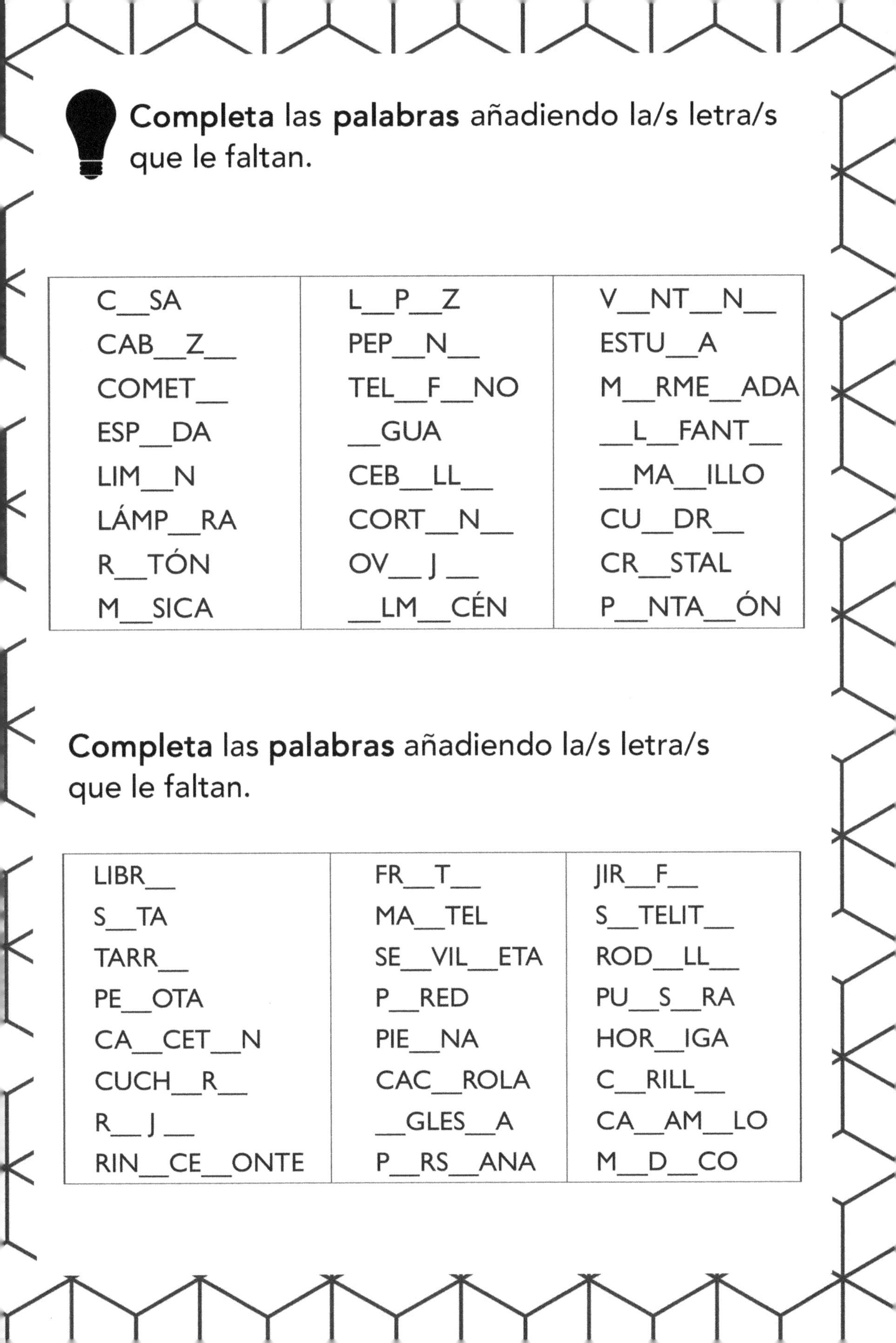

Completa las palabras añadiendo la/s letra/s que le faltan.

C__SA   L__P__Z   V__NT__N__
CAB__Z__   PEP__N__   ESTU__A
COMET__   TEL__F__NO   M__RME__ADA
ESP__DA   __GUA   __L__FANT__
LIM__N   CEB__LL__   __MA__ILLO
LÁMP__RA   CORT__N__   CU__DR__
R__TÓN   OV__J__   CR__STAL
M__SICA   __LM__CÉN   P__NTA__ÓN

Completa las palabras añadiendo la/s letra/s que le faltan.

LIBR__   FR__T__   JIR__F__
S__TA   MA__TEL   S__TELIT__
TARR__   SE__VIL__ETA   ROD__LL__
PE__OTA   P__RED   PU__S__RA
CA__CET__N   PIE__NA   HOR__IGA
CUCH__R__   CAC__ROLA   C__RILL__
R__J__   __GLES__A   CA__AM__LO
RIN__CE__ONTE P__RS__ANA   M__D__CO

Encuentra **6** las **diferencias**:

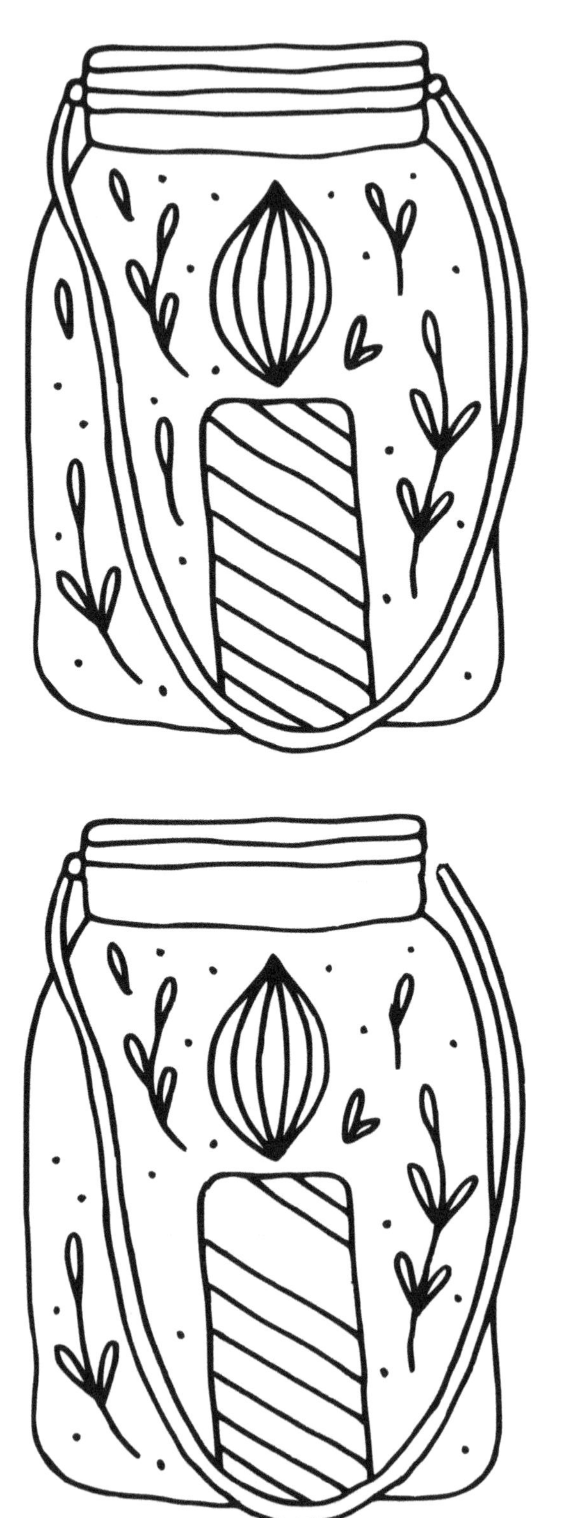

Colorea este mandala.

¿Qué animal es?

¿QUÉ EDAD TENDRÍAS SI NO SUPIERAS LA EDAD QUE TIENES?

¿Cuál es el **recuerdo más bonito** que tienes de los **últimos 5 años**? ¿qué ocurrió?

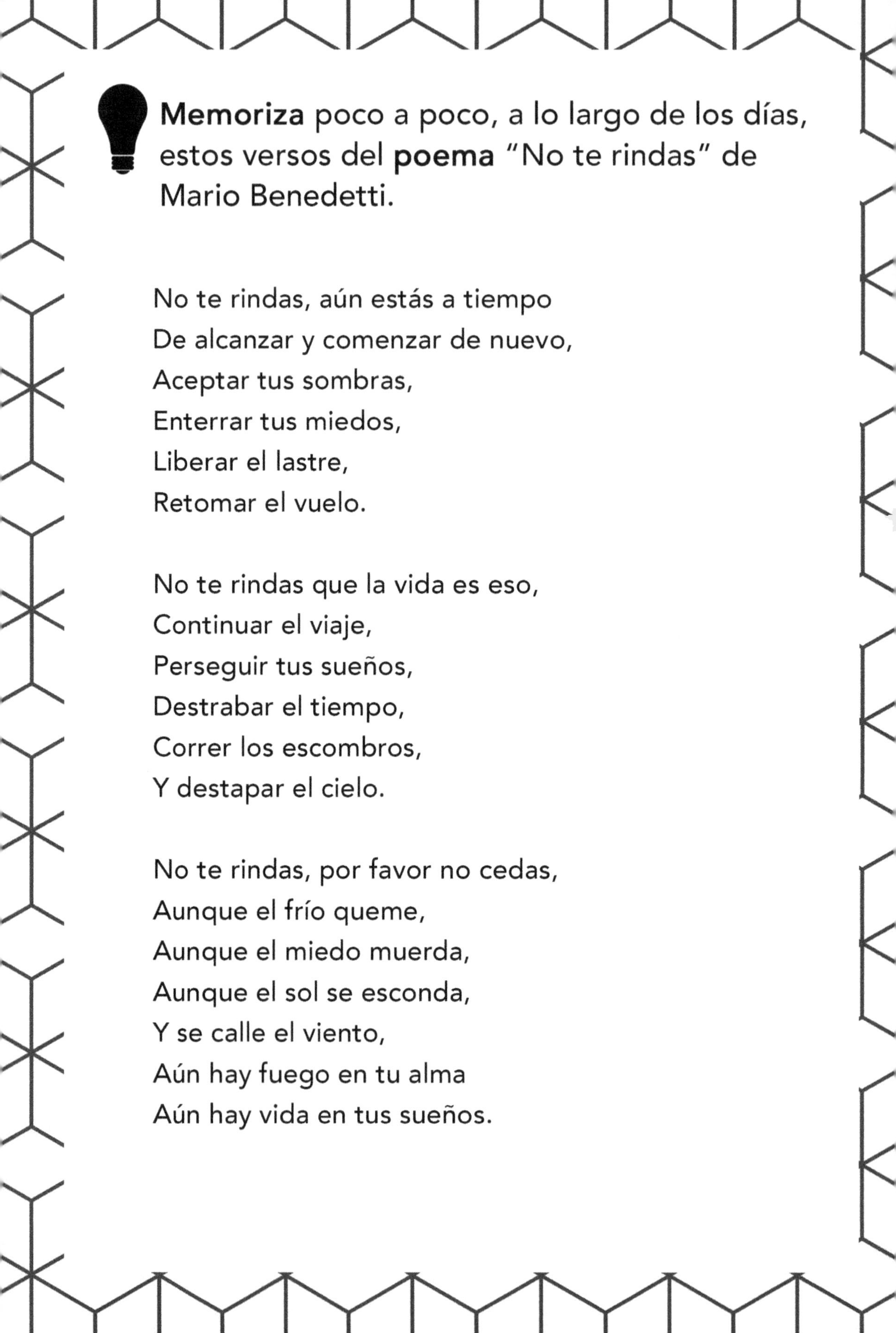

Memoriza poco a poco, a lo largo de los días, estos versos del **poema** "No te rindas" de Mario Benedetti.

No te rindas, aún estás a tiempo
De alcanzar y comenzar de nuevo,
Aceptar tus sombras,
Enterrar tus miedos,
Liberar el lastre,
Retomar el vuelo.

No te rindas que la vida es eso,
Continuar el viaje,
Perseguir tus sueños,
Destrabar el tiempo,
Correr los escombros,
Y destapar el cielo.

No te rindas, por favor no cedas,
Aunque el frío queme,
Aunque el miedo muerda,
Aunque el sol se esconda,
Y se calle el viento,
Aún hay fuego en tu alma
Aún hay vida en tus sueños.

Lee estas palabras y **únelas** según el **elemento común** que hay entre ellas.

ELECTRODOMESTICOS	COCHE	ARMARIO
MUEBLES	LAVADORA	ALICATES
ROPA DE HOGAR	SILLA	FRIGORÍFICO
PRENDAS DE VESTIR	MANTEL	VESTIDO
HERRAMIENTAS	CAMISA	TREN
MEDIOS DE TRANSPORTE	DESTORNILLADOR	SÁBANAS

Lee estas palabras y **únelas** según el **elemento común** que hay entre ellas.

PERRO	CAMISA	TIGRE
LIBRO	GATO	PAPEL
CASA	TELEVISIÓN	VENTANA
ELECTRICIDAD	CUADERNO	AUTOBÚS
GASOLINA	PUERTA	ARMARIO
PANTALÓN	COCHE	RADIO

Recuerda cómo era el **juguete** favorito de tu infancia. **Dibújalo**.

Colorea este mandala.

LA JUVENTUD ES
UN REGALO DE
LA NATURALEZA,
PERO LA EDAD
ES UNA
OBRA DE ARTE.

-.STANISLAW JERZY LEC

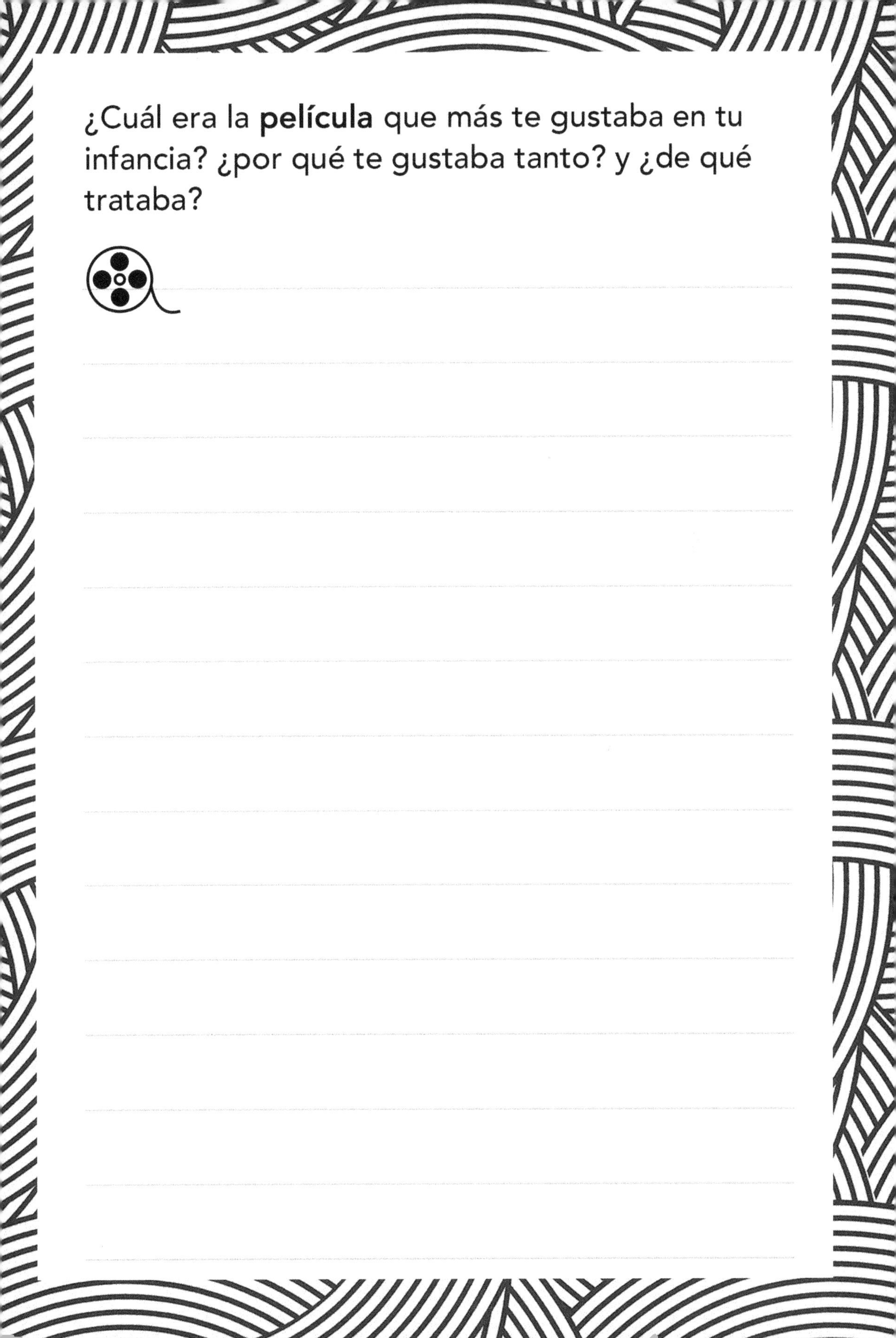

¿Cuál era la **película** que más te gustaba en tu infancia? ¿por qué te gustaba tanto? y ¿de qué trataba?

PAUTAS DIARIAS RECOMENDADAS

•**Exponte al sol** por la mañana durante media hora.

•**Realiza ejercicios** manteniendo un programa regular a la misma hora, matutina o vespertina, vinculándolos con **ejercicios respiratorios** varias veces al día, sobre todo antes de dormir.

•Establece un **horario** adecuado y fijo para tu **alimentación**, distribuyendo la ingesta de alimentos del día en 4 -5 comidas, no sobrecargando los horarios de almuerzo y comida.

•**Evacúa cuando sientas deseos**, preferiblemente en horario fijo y con el tiempo necesario, incluso sin ganas.

•Recuerda que **la cama se usa para dormir** o para la actividad sexual (no para leer, ver televisión, comer, ni tratar de dar solución a problemas).

•Trata de **levantarte a una hora fija**, aunque duermas bien o no. Seis o siete horas de sueño son suficientes.

Riéte mucho, por favor.

Ventajas de la risa:

• **Relaja las tensiones**: la risa favorece el ejercicio muscular, se producen contracciones de todos los músculos de la cara mientras que los otros se relajan **liberando todas las tensiones acumuladas.**

• **Aumenta la complicidad** ya existente: bromas familiares que recuerdan los lazos afectivos y los refuerzan.

• **Mejora el optimismo** y ayuda a que desaparezcan las depresiones.

• **Libera del insomnio**: quien ríe puede dormir mejor.

• **Ayuda a relativizar los problemas** y a estar presente en el momento.

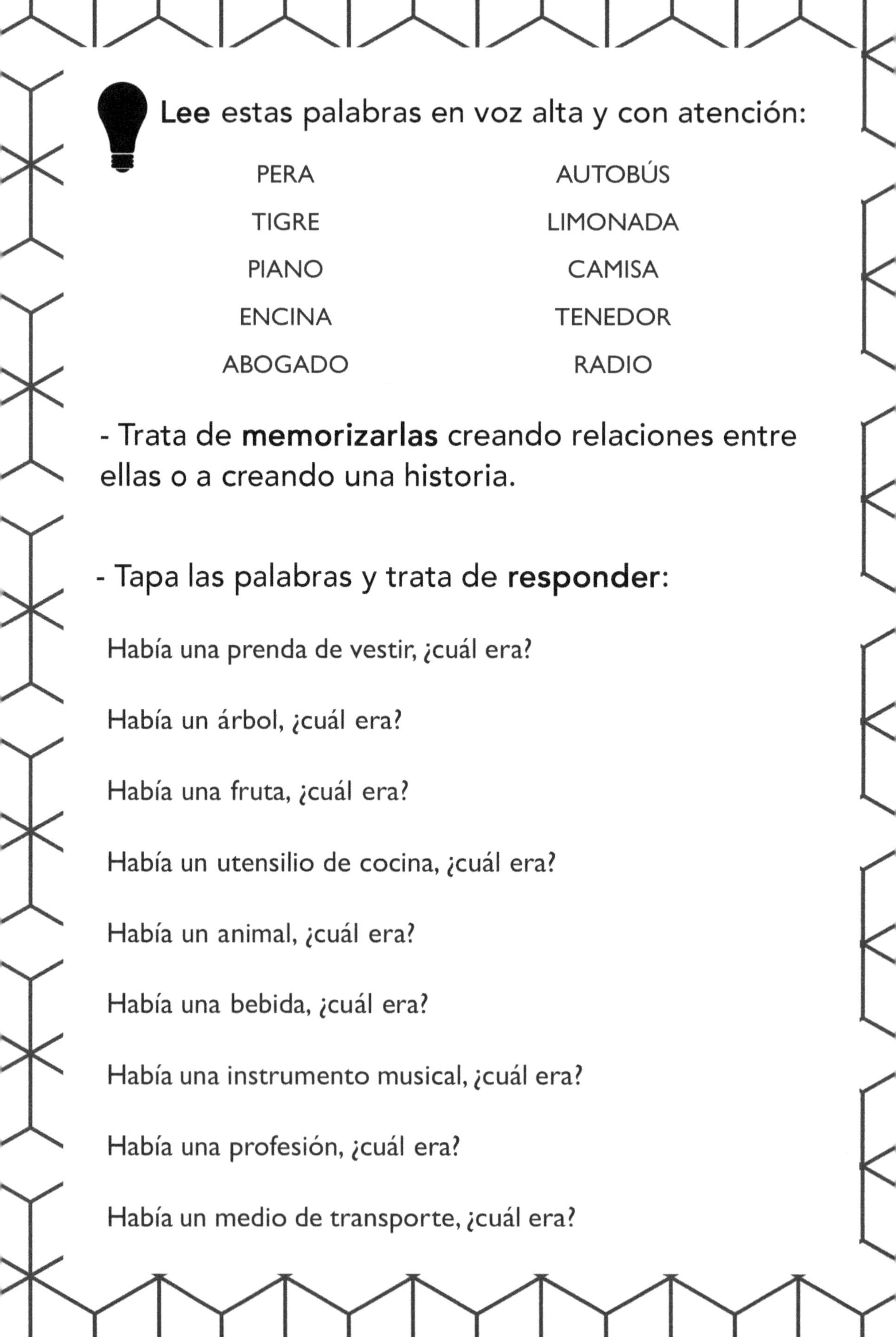

Lee estas palabras en voz alta y con atención:

PERA	AUTOBÚS
TIGRE	LIMONADA
PIANO	CAMISA
ENCINA	TENEDOR
ABOGADO	RADIO

- Trata de **memorizarlas** creando relaciones entre ellas o a creando una historia.

- Tapa las palabras y trata de **responder**:

Había una prenda de vestir, ¿cuál era?

Había un árbol, ¿cuál era?

Había una fruta, ¿cuál era?

Había un utensilio de cocina, ¿cuál era?

Había un animal, ¿cuál era?

Había una bebida, ¿cuál era?

Había una instrumento musical, ¿cuál era?

Había una profesión, ¿cuál era?

Había un medio de transporte, ¿cuál era?

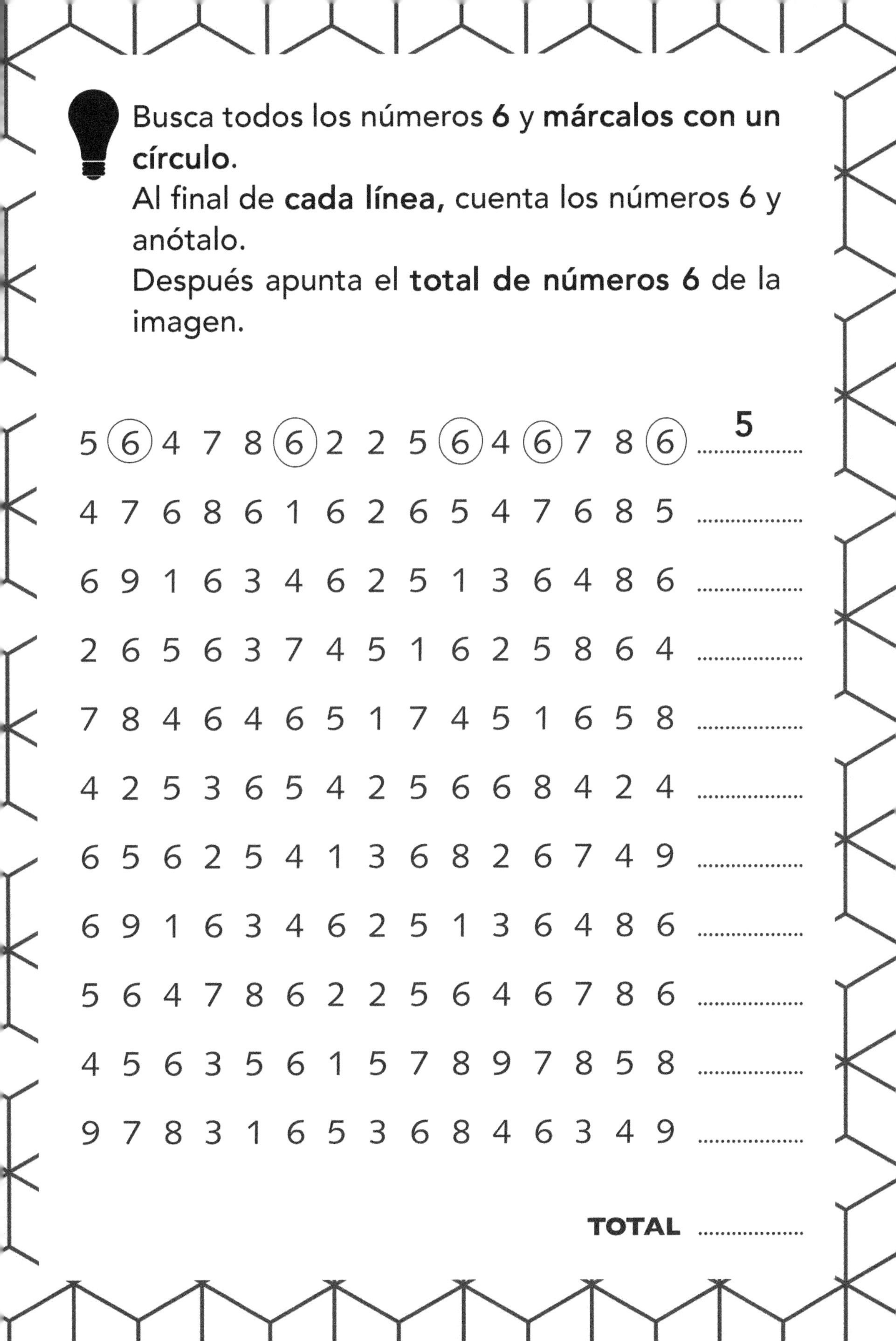

Busca todos los números **6** y **márcalos con un círculo**.
Al final de **cada línea,** cuenta los números 6 y anótalo.
Después apunta el **total de números 6** de la imagen.

5 ⑥ 4 7 8 ⑥ 2 2 5 ⑥ 4 ⑥ 7 8 ⑥ ......5......
4 7 6 8 6 1 6 2 6 5 4 7 6 8 5 ....
6 9 1 6 3 4 6 2 5 1 3 6 4 8 6 ....
2 6 5 6 3 7 4 5 1 6 2 5 8 6 4 ....
7 8 4 6 4 6 5 1 7 4 5 1 6 5 8 ....
4 2 5 3 6 5 4 2 5 6 6 8 4 2 4 ....
6 5 6 2 5 4 1 3 6 8 2 6 7 4 9 ....
6 9 1 6 3 4 6 2 5 1 3 6 4 8 6 ....
5 6 4 7 8 6 2 2 5 6 4 6 7 8 6 ....
4 5 6 3 5 6 1 5 7 8 9 7 8 5 8 ....
9 7 8 3 1 6 5 3 6 8 4 6 3 4 9 ....

TOTAL ....

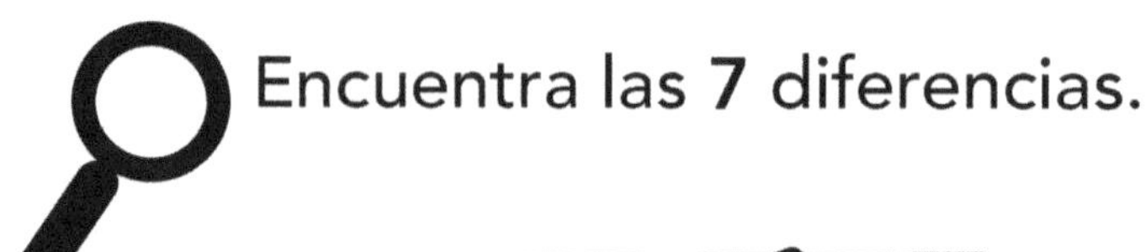

Encuentra las **7** diferencias.

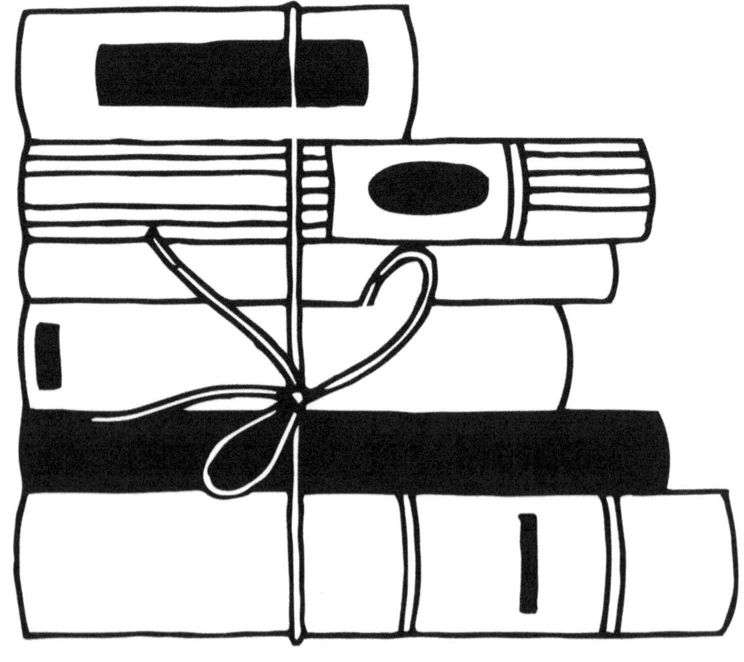

Colorea este mandala.

UN HOMBRE QUE SE HACE MAYOR SE VUELVE NIÑO DE NUEVO.

-. SÓFOCLES

¿Qué **canciones** cantabas **de niño**? ¿Podrías escribir aquí la letra de alguna de esas canciones de infancia?

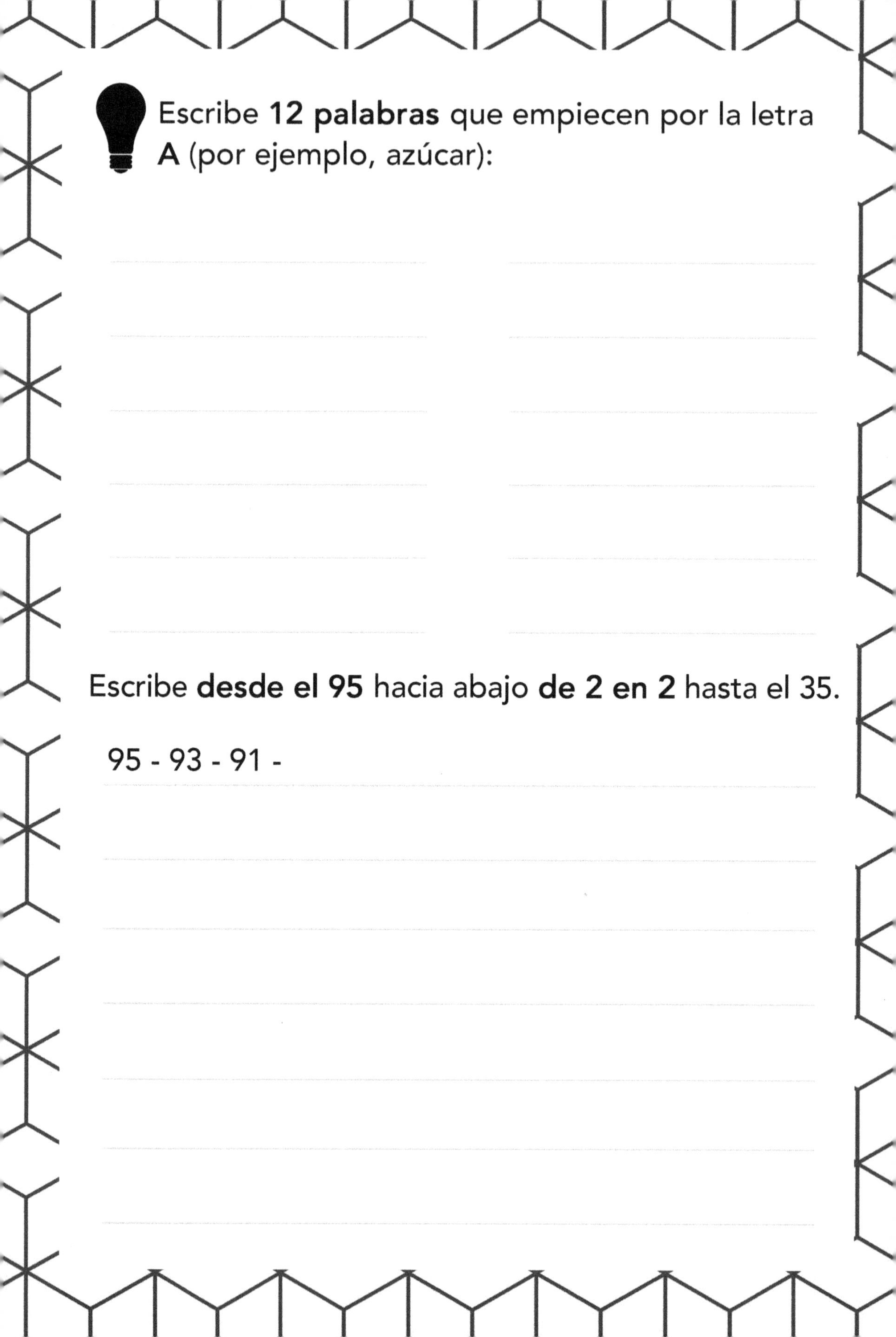

Escribe **12 palabras** que empiecen por la letra **A** (por ejemplo, azúcar):

Escribe **desde el 95** hacia abajo **de 2 en 2** hasta el 35.

95 - 93 - 91 -

82325	82545	82735	~~82325~~	83325
91348	91358	92348	74625	91348
12712	12212	12712	12812	74512
32684	32644	31684	47512	32684
29435	29445	29434	29435	29935

Señala todas las **letras S** que aparecen en el texto. Cuenta el número de **S por línea** y escríbelo.

La memoria <u>s</u>e puede mejorar en cualquier etapa de la vida.   1

Pero hay que tener interés, ganas de conseguirlo y ponerse

manos a la obra, es decir ejercitarse. La edad no es un

impedimento para mejorar.

Recuerden a los camareros. Un grupo de seis amigos entra

en un bar y dice lo que quiere tomar: uno café con leche

templada, el otro descafeinado con agua, el otro un té con

limón, el otro "un cortado", otro un descafeinado con leche

en vaso y el último un café con leche corto de café. Nuestro

camarero se va y lo prepara todo inmediatamente y sirve a

cada uno lo suyo. ¿Cómo ha conseguido recordar cada

petición? Quizá ni siquiera el camarero lo sepa. Pero la

respuesta está clara: con el ejercicio.

TOTAL

¿Cuántas sillas como esta hay?
TOTAL

Colorea este mandala.

ALGÚN DÍA
TENDRÁS EDAD
SUFICIENTE PARA
EMPEZAR A LEER
CUENTOS DE
HADAS DE NUEVO.

-C. S. LEWIS

¿Cómo era **la casa de tu infancia**? ¿Recuerdas cuántas habitaciones tenía, qué muebles había, cuántas ventanas tenía, de qué material era el suelo? Apunta todo lo que recuerdes de esa casa.

CÓMO CULTIVAR EL OPTIMISMO

· **Decide tener el control**: aunque las cosas salgan mal, debes diferenciar qué escapa de tus manos y qué sí puedes cambiar. Encontrar un equilibrio entre ser responsable de tus acciones y ser consciente de que **hay situaciones que simplemente no pueden ser**.

· **Ten un propósito**: Comienza el día con un propósito y despide cada jornada con un ejercicio de **gratitud** por los momentos felices que has vivido.

· **Céntrate**: Por muy difícil que sea la situación, concéntrarte en **cómo solucionar el conflicto** y no quedarte estancado pensando en el mismo.

· **Aléjate de la gente negativa**: Si tu círculo de amistades está formado por gente negativa, probablemente absorbas esa misma actitud, busca estar con personas positivas, alegres, entusiastas y que se les vea las ganas de vivir plenamente.

· **Motívate**: para ser optimista es fundamental **no perder la ilusión** ni el interés por proyectos nuevos, sea un nuevo hobbie, comenzar una nueva asignatura, conocer un nuevo amigo, la ilusión de unas vacaciones o lo que te haga sentir vivo, la motivación te mantiene activo.

· **Aprende de tus errores**: Errar es de humanos, y muchas veces tropezarnos para poder aprender y corregir, así que no tengas miedo a equivocarte, y no te tomes tan a pecho las caídas, debes **perdonarte tus propios errores**.

· **Huye de la queja**: Sí, es cierto, a veces nos frustramos tanto que culpamos y nos quejamos de todo, del ruido, de los quehaceres domésticos, de la pareja, de la familia, del clima, en fin, quejarnos es sentir que nos desahogamos , pero se debe encontrar una mejor manera de drenar y **encontrar lo positivo de cada situación**.

· **Alégrate**: Puede parecer una simpleza recomendar ponerte una sonrisa cada día para ser más optimista, pero la verdad es que funciona. Si cuando te levantas cada día **te vistes con una sonrisa** y te propones **caminar más erguido** y con más energía, tal vez el primer día te cueste, pero enseguida se convertirá en tu actitud habitual.

· **Busca un pasatiempo**: Pasa menos tiempo frente a la televisión y potencia otras **formas de entretenimiento más creativas**, por ejemplo, disfruta de la lectura de un buen libro, haz ejercicio, sal a caminar, rodéate de gente que te haga sentir feliz.

· **Consiéntete**: Date caprichos con alguna golosina, tu fruta favorita, un libro, un masaje. Estos premios te ayudan a mejorar tu actitud y a ver la vida de una forma más optimista.

· **Valórate**: Valora lo que tienes. **No te compares con alguien** más porque así no podrás sentirte bien contigo mismo. Recuerda que las cosas siempre pueden ser peores. Alégrate de ser quién eres y de lo que tienes.

· **Fija un objetivo**: Busca la forma de recorrer la distancia desde el punto A hasta el punto B.

· **Cultiva tu optimismo**: Trata de romper los patrones de **pensamientos** negativos y crea otros **enfocados a ser más feliz**. Aplica el dicho, ¿cómo ves el vaso?, ¿medio lleno o medio vacío? ¡Que sea medio lleno!

Todo depende de la perspectiva hacia la que quieras dirigir tus pensamientos y los resultados que deseas obtener.

· **Decide ser feliz:** De una forma consciente, sin poner excusas, concéntrate en lo que te hace sentir ese sensación: el aroma de las flores, que al llegar a casa tu perro te reciba, ir de compras, un buen postre, charlar con amigos o disfrutar de lo bueno de la vida.

Copia este dibujo en el recuadro de la derecha:

Junta con una línea cada **palabra** con su correspondiente **color**.

MAR	**VERDE**
PLÁTANO	**NARANJA**
CÉSPED	**ROJO**
ZANAHORIA	**AMARILLO**
SANGRE	**AZUL**
FLOR	**ROSA**

D	I	E	Z	T	R	E	S
E	W	E	T	N	I	E	V
S	C	O	T	R	E	C	E
E	X	C	O	N	C	E	G
I	Q	H	D	F	S	O	D
S	X	O	N	U	E	V	E
X	Z	E	C	N	I	U	Q
T	O	R	T	A	U	C	G

Lee una noticia positiva en el periódico o revista o un fragmento de un libro y **haz un resumen:**

¿Puedes encontrar la taza diferente al resto?

Colorea este mandala.

AQUELLA PERSONA QUE SEA DE NATURALEZA SERENA Y FELIZ, DIFÍCILMENTE SENTIRÁ LA PRESIÓN QUE GENERA LA EDAD.

-PLATÓN

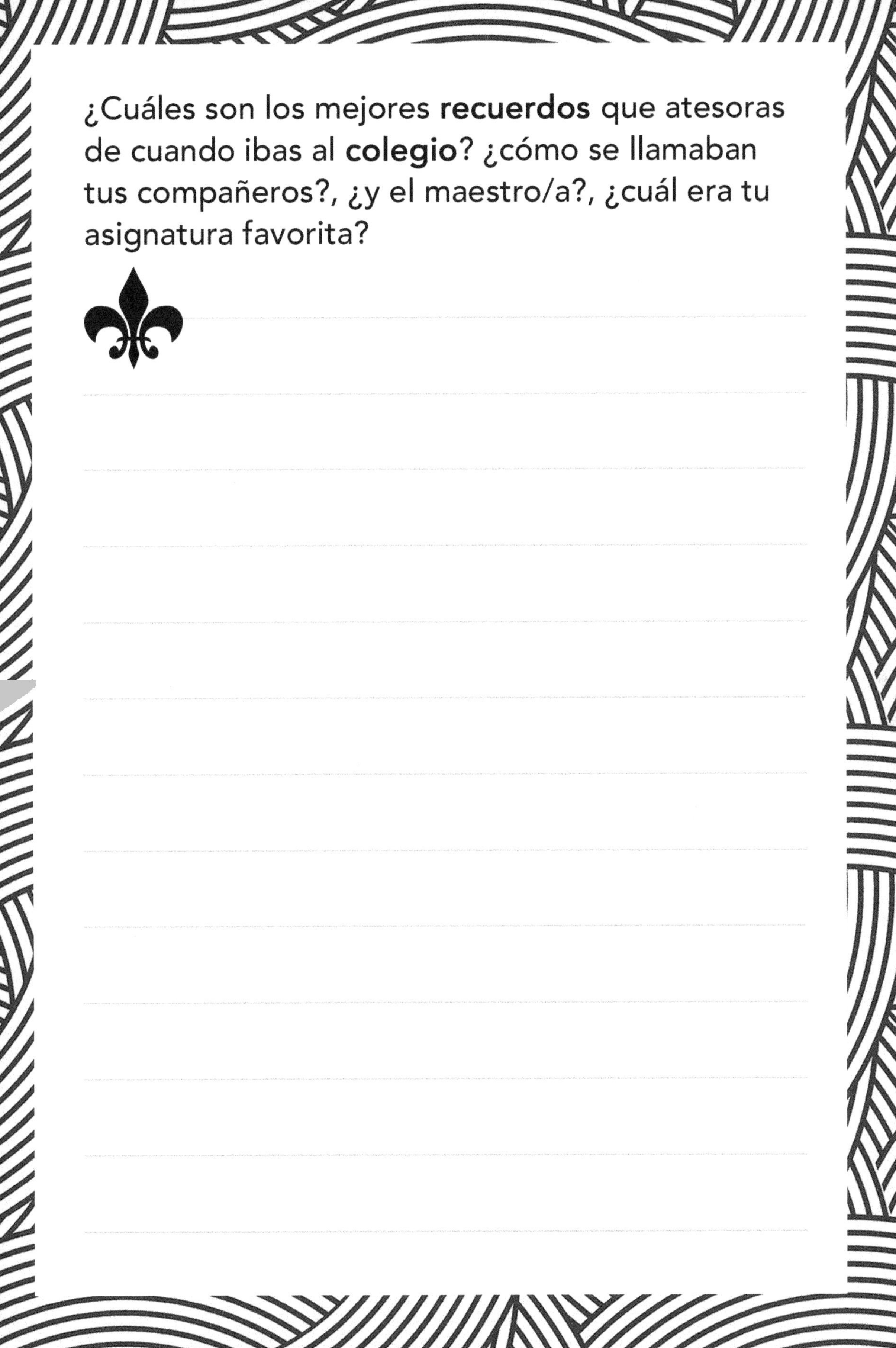

¿Cuáles son los mejores **recuerdos** que atesoras de cuando ibas al **colegio**? ¿cómo se llamaban tus compañeros?, ¿y el maestro/a?, ¿cuál era tu asignatura favorita?

Escribe **6 fechas señaladas** para ti:

DÍA	MES	ACONTECIMIENTO

Observa esta imagen y **dibújala** en el recuadro derecho.

 **Observa** esta imagen con detenimiento:

Después tápala y contesta a estas **preguntas**:

¿Cuántas sillas hay en la imagen?

¿Hay alguna planta sobre la mesa?

¿Cuántos platos llanos se ven?

¿Hay una jarra de cristal?

¿De qué material es la mesa?

¿Qué cubiertos hay sobre la mesa?

¿Cuántas copas de cristal hay?

¿Se ve algún alimento?

Encuentra las 7 diferencias.

Colorea este mandala.

GRACIAS
POR SER
COMO ERES.

¿Quiénes han sido **las personas más importantes** de tu vida hasta ahora? ¿por qué han sido tan importantes? Escríbeles un mensaje de agradecimiento.

La casa de los huéspedes

Esto de ser un ser humano
es como administrar una casa de huéspedes.
Cada día una nueva visita, una alegría, una tristeza,
una decepción, una maldad,
alguna felicidad momentánea
que llega como un visitante inesperado.

Dales la bienvenida y acógelos a todos ellos,
incluso si son un grupo penoso
que desvalija completamente tu casa.
Trata a cada huésped honorablemente pues
podría estar haciendo espacio para una nueva delicia.

El pensamiento oscuro, lo avergonzante, lo malvado,
recíbelos en tu puerta sonriendo e invítalos a entrar.
Agradece a todos los que vengan
pues se puede decir de ellos que han sido enviados
como guías del mas allá.

Rumi